ちくま文庫

# skmt 坂本龍一とは誰か

坂本龍一　後藤繁雄



筑摩書房

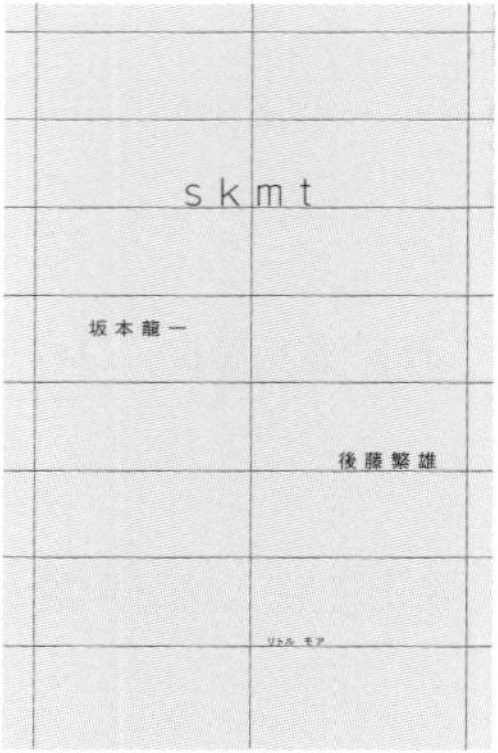


発売日：1999年8月10日初版
出版社：リトル・モア
ISBN4-947648-96-1 C0073

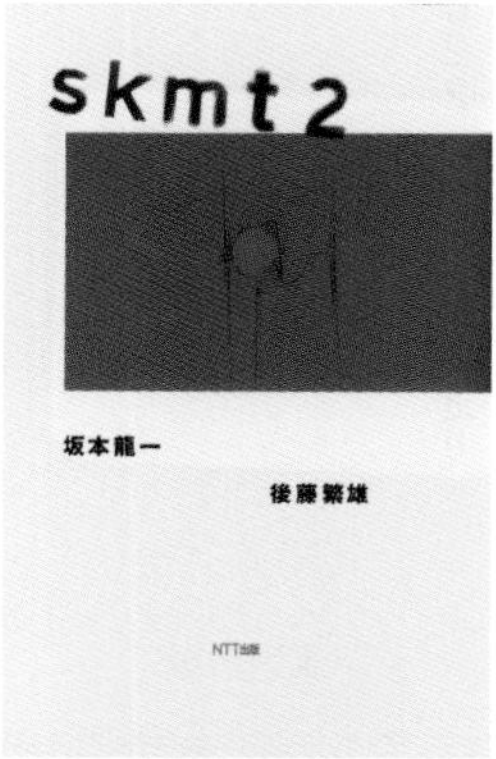


発売日：2006年12月28日初版
出版社：NTT出版
ISBN4-7571-7034-3 C0073

## 目次

この本のために① 011
この本のために② 015
skmt1 017
001 計画／この本はどのようにして書かれ、つくられるのか？
002 というのは……
003 skmtについてのいくつかのことがら
004 問いと答え
005 根拠なし
006 違和感
007 記憶
008 盲目的なるもの
009 右手と左手
010 自分の顔
011 わからない
012 教室で
013 想起の回路
014 映画館
015 赤とんぼ
016 そのことを彼は「少女趣味」だと言うが……
017 ドビュッシー
018 Basta Pasta
019 どこにいるかわからない
020 旅に持っていくものひとつ
021 逃げ場所
022 スターリン通り
023 人格／スキゾ
024 アウトサイダー
025 質問／答え
026 ワールド・ツアー「1996」
027 ファンクショナルMRI
028 心の声／頭の中の音楽

029 音楽の奥にあるもの
030 演奏とは……
031 エモーション／強度の音楽
032 ワープ
033 ギリシャにて
034 郷愁
035 満たされないから
036 悲しみの井戸
037 トリオ
038 旅嫌い／ペインフル
039 中国
040 ためらいのなさ
041 北京にて
042 歪み
043 即興／即興嫌い
044 ある日、夢の中で
045 悲惨
046 『f』 untitled 01
047 20世紀へのレクイエム
048 20世紀の終わりに
049 フィルター
050 僕の音楽の「単位」
051 音楽の恩寵
052 反復と変化
053 祈りの音楽
054 感情
055 ムービングであるかどうか
056 独白
057 驚き
058 ヴァーチャル／リアル
059 どんな音楽を？
060 クライシス
061 白痴状態で
062 明るさ
063 解決しない状態
064 歴史
065 柄谷行人
066 湾岸戦争以降

067　戦争
068　他者へ／ネットへ
069　一筆書きのように演奏を……
070　イタリア／キムチ
071　勝手に逃げろ
072　小さな奇跡
073　オペラ
074　映画の瞬間
075　断片／モンタージュ
076　差異と反復
077　テクノカルチャー／ストーリー性
078　インヴェンティヴ
079　逸脱
080　コンピュータと音楽
081　ウルトラQ
082　風邪をひくこと
083　イメージ力
084　官能的
085　寝たい時に寝る／起きたい時に起きる
086　自分
087　愛
088　インヴェンティヴ／即興
089　ポエム
090　ファーブル／朝の読書
091　埴谷雄高／死体
092　魂の不具者
093　原始音楽
094　指揮／ピクチャー
095　フラッシュ・メモリー
096　高橋悠治の手
097　コンピュータ／サイコロ
098　治癒行為
099　パパ大好き
100　戦争ごっこ
101　なまけもの／嫌なガキ
102　友達
103　ランボーとガロア

104 父／本
105 ロック体験
106 ピアノ
107 就職しない
108 ベルトルッチ監督の言葉
109 イメージの混血性
110 ホテルの部屋で
111 自己免疫力／自己治癒力
112 ヒーリングのための音楽
113 病気の人は……
114 野蛮へ
115 敏感／鈍感
116 史記を読むこと
117 希望
118 DNA
119 音響的に複雑に、音楽的にミニマルに
120 メッセージ？
121 リセット／リスタート
122 アトピー
123 ローラーブレード
124 選択
125 カウンターテナー
126 モンゴル
127 皇帝の墓碑
128 ゲルの夜
129 砂漠飛行
130 日々の捧げ物
131 ジンギスカン／文学
132 貧しさの平衡
133 輪廻
134 羊の骨のダイス
135 ホーミー／長唄
136 TVと道
137 地球上の場所で……
138 オペラ的なるもの
139 20世紀の総括／共生
140 微生物のおしえ

141 断片
142 ロバート・ウィルソン／ミルフォード・グレイヴス
143 マース・カニングハムの夜に
144 BTTB#1
145 即興
146 アナログのレコードが何千枚も倉庫に眠っていて……
147 ひとつ
148 ドアノブ的／クロード
149 マタイ受難曲
150 炭の音楽／詩
151 標本
152 壊し方
153 BTTB#2
154 バクテリアは眠るか？
155 ｓｋｍｔの書いた過去の原稿からの引用
156 才能は、ない
157 60年代
158 BTTB#3
159 戦争
160 絶望的に醜い人間にさよなら
161 救いとは何か？
162 悪と衰弱
163 光
164 人間は？
165 我々の想念って……
166 未来／希望
167 陰／陽
168 不揃い／グルーヴのローファイ
169 end
170 それから……

skmt2 187

171 計画ヴァージョン2／この本はどのようにして書かれ、つくられるのか？

172　世紀末から新世紀へⅠ（DISCとBOOK）
173　世紀末から新世紀へⅡ
174　アメリカという幻想の終わり
175　帝国からの避難
176　非戦／逃げろ
177　音楽／人類の終末／希望
178　場所
179　想像力
180　code new village exhibition をめぐって
181　セバスチャン・サルガドの写真
182　人類の幼年期／一人のラムズフェルドを
183　アニミスティックな力
184　植民地
185　先住民であるということ
186　哲学の終焉／日本
187　喪失感／希望の力
188　リレートした世界で／情報の非対称性を対称に
189　ニュー・ヴィレッジのためのミーティングでの発言記録より
190　エレファンティズム／ボノボ／動物の教え
191　世界の果てから
192　それを見ること
193　イシュマエル／ゴリラの教え
194　スーザン・ソンタグの『In America』／平易さをめぐって
195　メール・インタヴュー／9・11／非戦／自然エネルギー／ワールドツアー
196　父の死
197　ジョビン／深度／悟り／ポエジア
198　鳥人
199　会話から
200　ポエジアへ①

201 ポエジアへ②
202 詩のためのランダムなメモ
203 中断／イラク戦争
204 その日の終わりには……
205 歌わない人
206 漢字／謎
207 日本の先住民のこと
208 1万年ぐらい前に
209 笛／シャーマニズム／自然の力の領域へ
210 音／オト
211 カートゥーンの国、アメリカ
212 冬／フユ
213 韓国ドラマ／古層の日本語
214 お母さんのコトバ
215 コトバをめぐって／木村紀子『古層日本語の融合構造』をめぐって
216 語感／音感
217 アイヌ／アボリジニ
218 コトバと音の旅を……
219 そうしてすべてのコトバは混じりあってゆく
220 わらべうた／小泉文夫
221 おとぎ話
222 やがて10歳、15歳になれば……
223 文明と寿命
224 子どものための音楽
225 避難
226 移動途中
227 ニュー・アルバム／即興
228 裂け目
229 どこを見ても亀裂だらけじゃないか
230 暑い夏
231 アメリカ2004
232 ベルリン／都市の力
233 八重山諸島西表島で
234 CHASMY／キャズム的なるもの

235　断食道場にて
236　新しい年に
237　スタジオにこもっている
238　スーザンへのレクイエム
239　初期の音／大滝詠一のおしえ
240　閉じない感じ
241　今再び『ＣＨＡＳＭ』をめぐって
242　実験ライヴにて
243　スーザン・ソンタグ追悼シンポジウムにて
244　blog／tour
245　ライヴ／楽しさをみつける時間
246　旅の途上で／ファンタジー／想起する力
247　カールステン・ニコライとともに／（音楽のルーツ）
248　お正月の読書
249　大雪のこと
250　エロティシズム／自然の力
251　利己的なアメリカ
252　レクイエム／ナム・ジュン・パイク
253　ＰＳＥ法をめぐる
254　楽屋にて／ＡＬＶＡ ＮＯＴＯ＋SAKAMOTO insen EU TOUR
255　諏訪への旅
256　アモルファスな人生へ／アブストラクトな旅へ
あとがき①　この本について　374
あとがき②　官能美学の人　坂本さん　380
文庫版あとがき　385

# skmt 坂本龍一とは誰か

# この本のために ①

坂本龍一

「後藤繁雄はコトあるごとに、どこにでも現れる。そのコトをとらえる勘が鋭い。こちらの気分や感情や考えの変化が起こりそうな時期に現れ、獲物をサッと捕らえる。優秀なハンターなのかもしれない。かといって、どうもうな顔つきをしているわけではない。むしろ彼の目は、少し眠たそうで、柔和だ。彼は、通常の優等生インタビュアーに比べて、よくしゃべる。こちらの話題を自分のことのようにしゃべる。だから、ぼくも引き込まれる。こちらもよくしゃべってしまう。しゃべることは好きじゃないのに。もう長いこと、定点観測のように、その、つまり、ぼくは、観測されてきた。

観測されるのに、少し慣れた。といって、彼が好むようにしゃべっているわけじゃない。

ぼくは、ぼくの勝手な気分と感情と考えで、勝手にしゃべる。

彼は、ぼくのおしゃべりを分類しない。それがいい。

しかし、究極的に彼がなぜぼくのおしゃべりに関心を示すのか、
それは分からない。ぼくは彼にとって、何なのだろうか？

そんなことを話したことはない。多分しゃべっても、つまらないだろうから。

しゃべりたい人は、多くない。だいたいひとつの国に一人ぐらい。

だんだん、おもしろい人間が少なくなってきた。

話を聞きたい人が、あまりいない。日本にはとくに少ない。

だいたい話を聞きたい人たちは、もう死んでしまって、いない。

これからも、後藤繁雄とたまには、おしゃべりをするのだろうか？

彼は、これからも、ぼくの勝手なおしゃべりをよく聞き、
そして自分の言葉をよくしゃべるのだろうか？

ぼくは、後藤繁雄に隠していることは、ほとんどなくなった。これは、すごい。

ぼくは、自分のおしゃべりをどんどん忘れていくので、彼が書きとめてくれるのはいい。

自分が忘れている、その時の自分の気分や感情や考えを、思い出す。

別に思い出して、どうするわけでもないが。ぼくは、あまり過去に興味がないから。

多分、後藤繁雄も過去に興味はないと思う。では、この辺で。」

RYUICHI SAKAMOTO

# この本のために　②

坂本龍一

ぼくは、話すのも、書くのもへただ。歌を聴いても、歌詞が耳に入ってこない。これは一種の失語症じゃないかと、最近は思っている（音楽家と失語症の関係は興味深い）。いつも、何か考えているんだが、それが言葉なのか別の何ものなのか、自分でもよくわからない。だから、このように人と話す時は、必ず言葉を話すわけで、アモルファスな思考の状態に一つのかたちを与えるには都合がいい。一度、言葉にしておくと、記憶するのに便利で、自分でも重宝している。しかし一方で、一度言葉にしてしまうと、その基にあったアモルファスな状態が忘れられてしまうことも多く、なんだかもったいないような気もする。できたら最後までこのまま、アモルファスな状態のままでいたい。思考にも生活にも一貫性などもたせたくない。人生は矛盾だらけだが、なかでも自分が一番信じられない。昨日好きだったものが、今日はもう嫌いになっている。だから、一度言ってしまった言葉にも責任などもちたくない。一貫性を保つために、今この瞬間の考えや感覚に嘘をつくなんて、まっぴらごめんだ。

20061122 new york

S
k
m
t

1

## 001　計画／この本はどのようにして書かれ、つくられるのか?

この「本」は、坂本龍一についての、そして坂本龍一の「本」になるだろう。

しかし、この「本」は坂本龍一の「伝記」であって、「伝記」でない。ある種のドキュメンテーション、それも辻褄のあわない、断片の数々が集められ、編まれるだろう。

このタイトルであるｓｋｍｔは、坂本龍一のドメイン名表記からとられている。

「ある人物」を描くとは、どのようなことなのだろうか。昔から、「ある人物」についての「評伝」、あるいは自らの手によって、自分の過去を回想し「物語」化することが連綿と行なわれてきた(文字によって「自伝」あるいは「評伝」が書かれた最初は何だったんだろう? これは調べてみると面白いかもしれないな。「自伝史」とか、「評伝史」とかね)。それは、「自分」を歴史として記述することだが、「真実」であるとは限らない。自分が思う「自分」と、対他的な「自分」はもちろん違うし、「ある時の自分」と、「今ここの自分」はもちろん違う。たったひとつの真実の「自分」などない。あるのは複数の「私」だ。「自伝」や「評伝」など、どうして成立するのだろうかと思ってしまう。したがって、この「本」は、ありきたりの、ひとつの坂本龍一伝を書くことを目的としていない。とりとめのない、辻褄のあわない記述の集積になるに違いないが、そのことにより逆に「ある人物」つまり、ｓｋｍｔが浮かび上がる。

「自伝」や「評伝」は、人生という時間の流れの中の特徴的なエピソードを中心に「物語化」「歴史化」したものだ。それはたしかに、「人」をわかりやすくするための方法だろう。かつて、ある評論家が「死ぬと人はわかりやすくなる」という意味のことを語ったことがある。「生きている」ということは、極めて捉えがたく、薄気味悪いことだ。昨日まで言っていたことと、今日言っていることが必ずしも同じではないし、他人が理解できない原因で突然行動が方向転換することだってある。生きていることに理由があるのかないのか。目的があるのかないのか。なぜここにいるのか。実は何ひとつ、しっかりとした根拠など持ちえない存在。常に動き続けるもの。それが

「私」であり「あなた」なのだ。この本は、ある日、ある場所で「収録」し、「記述」した坂本龍一の発言をドキュメントの素材として扱う。

この「本」は固定的なものでも決定的なものでも全くない。この原稿は、一種のエスキスとして「とりあえず」書かれるものであって、もし可能なら今後も書きかえられ、次々に形を変えていくことになる。常に書きかえられ、編集され続けるテキストなのである。

「人生」と名づけられる時の流れは、ティピカルなエピソードによって構成されるが、その枠から抜け落ちるもの、日々たあいなく撮られ続けるスナップ写真。それらのアルバムとしてこの「本」をつくること。

他者を自分のように、自分を他者のように。

ある人物を誰でもない人物のように。

誰もがこの人について書かれたものを読んだ時、自分のことが書かれていると思うように。

ｓｋｍｔはそのように書かれ、編集されなくてはならない。

002　というのは……

ｓｋｍｔに会う。白髪まじりの頭、目を大きくあけて。笑顔。陽気な挨拶。目の前に彼がいる。もういつから「取材」を続けているだろう。知り合うようになってからでも、正確に思い出せないが、もう10年近く時間が流れている。この本の計画をたててからも、もう1年半過ぎた。その間、ニューヨークのオフィスで、東京のレコード会社の会議室で、ツアー先のイタリアの楽屋で、ロンドンのホテルのラウンジや部屋で、レストランで、インタビュー、打ち合わせ、雑談。僕は彼に質問を繰り返してきた。

質問？　何か解決しなくてはならないことがあるの？　自問自答する。この本に出来ることは、ある日、ある時のｓｋｍｔを記述すること。インタビューが始まる。「最近はどうですか？」と。解くべき謎なんてあるのか？　彼は、今回の帰国は、プロモーションでTVに1回出るだけだから楽だよと言う。ツアーも終わったし、ちょっと自分の生活に戻ってるって感じですか？　そう聞くと、急に椅子にかけなおして、手のひらを組んで目をきょろきょろさせる。

「そんなのないよ。〝自分の時間〟ってどういうんだろ……わかんないよ」

ちょっとしまったと思う。そう、彼の中には自分の生活、普通の生活なんて言葉はない。でも、たいていは、こんな曖昧な形でインタビューは始まる。言葉がぶつけられ合い、その反応がカセット・テープに収録されていく。テープはスタッフの手によって「ベタ起こし」される。1回のインタビューはいつもだいたい1時間半〜2時間で、文字量にすると400字で約100枚弱の話が活字化される。今、たまたま手にしているのは、「1997／3／17　東京」の回のテープ起こし。そこにこんなくだりがある。

なんか、英語でインタビュー受けて、質問をされたあとで答える時に、いきなり「ビコーズ」って始めちゃうんだよね（笑）。「というのは」（笑）。普通はさ、「ビコーズ」っていう前にたくさん考えてるわけじゃない。でもその部分はカットされていきなり「ビコーズ」って話し始めちゃうことがある。相手は、その前の命題がわからなくて、いきなり始まっちゃうからポカーンとした顔してる。

すべての「書き出し」には理由はない。こう始めなくてはいけないという必然性もない。「ところで」って始めても「今日は」って始めても、「というのは」でもいい。どうやって始めるのがいいとか考え出すと、何も始められなくなってしまう。「必然性」や「理由」を求めるのは「文化のルール」に過ぎないよ、とｓｋｍｔは言う。

ルールじゃないほうをつきつめていくと、詩、ポエムになるんだ。「はしょり方」っていうのは、詩的なものだからね。

## 003　ｓｋｍｔについてのいくつかのことがら

生年月日：１９５２年1月17日
星座：山羊座
出身地：東京都中野区
身長：１７１㎝
体重：72㎏
血液型：Ｂ型

最終学歴：東京藝術大学大学院音響研究科卒業

1996年4月15日　ニューヨーク

### 004　問いと答え

Q　あなたはアウトサイダー？　それともインサイダーですか？

A　いや、両方を行き来してる。

### 005　根拠なし

10年前の吉本隆明との『音楽機械論』や、村上龍との対談『EV. Café』でも繰り返し語られていたこと。それは、自分に何か表現したいものがあり、それが手を伝わって鍵盤に達し、何かが表現されているのではないということ。基本的に、テクノロジーつまり、「外部」が前提になって表現が発生するのだというスタンス。あるいは、「共同化」を前提にせず、逆にそこから逸脱することを表現の基本姿勢とすること。それらの感覚はいったいどこから来たものなのか？　感覚の起源？　少年時代の出来事？　家庭環境？　そんなもので、感覚の起源を決めることができるのだろうか？　その人間が育った環境、その人の価値観との因果関係。関数。星占いが言う「あなたは1月17日生まれの山羊座だから……」。でも、環境とか、暮らし方とか全く関係なく育つことだってある。記憶や、ある理由があって自分がここにいるという不愉快さ。それを認めたくない気持ち。自分を解体することが、自分の生きるモチベーションとなる。他の国の人、他の時代に育った人の中にだって、「逃亡派」はいる。自分からの逃亡派、根拠からの逃亡派たちが。だから、単にどういう育ち方をしたからとか、両親がこうだったとか、これも理由になるわけじゃない。

自分をとりまく条件に反応する人。自分が喋ってる言葉さえも疑ってみる人。自分を想定する条件に対して疑問を持つ人。ｓｋｍｔはけろりとした顔でこう言う。

ある日気がついたら、疑問を持った子だったということだもんね。全くそういう疑問を持たない子もいるけどさ……。

## 006 違和感

ｓｋｍｔがピアノを習い始めたのは3歳の時、作曲を始めたのは5歳の時だった。

僕は自分が「音楽的だ」と思ったことはない。というのはさ、子どもの時も同じように思ったんだけど、この世の中には、苦労しなくてもきれいなメロディが作曲出来たり、ピアノが弾けたりする子どもたちがいる。ヤマハの音楽教室にも、どこの教室にもいて、楽しそうにやってるわけ。でも僕は、そういうふうに〝自覚なく〟っていうか、意識的な努力なしにきれいなメロディが作曲出来たりする子じゃなかった。だから、「きれいなメロディ」と皆が言う「きれいな」ということについて常に分析的だった。とにかく、「自然なメロディ」なんてものがまず書けない。それで、自分とその人たちと何が違うのかなって。そういう「差」、「違和感」にものすごく敏感になったんだ。

一番嫌っていうか、気になる言葉は、「生理的に気持ちいいメロディ」とかさ。すごくおかしいと思った。なぜって、メロディがいいとか悪いとかって、生理的なことじゃ全然ない。生理的快楽とか言うけど、そんなものなんてないでしょ？ 今、大人の言葉で言えば「きれい」だとか「汚い」というのは音の組み合わせであって、それは、その時、その場所の文化が規定している、どこかに時代や空間を移せば「きれい」なものになるのかもしれないし。誰にとっても「きれい」じゃなくても、僕個人一人には「きれい」かもしれない。歴史的、文化的な枠組みを無視して生理的という言葉を使うべきではない。そういう、すごい違和感を持ってたね、小学校に入った頃……。

## 007　記憶

Q　子どもの頃の家の記憶は？

A　非対称的。台風。壁の落書き。本。蟻。猫。犬。風呂。三面鏡。２階。ピアノ。来客。キャベツ畑。木……。

## 008　盲目的なるもの

子どもの母親に対する盲目性。母親の子どもに対する盲目性。それは子どもを育てたり、子どもが生き抜いていくために必要なもの。でも、それはひどくアブジェクトなものでもある。

## 009　右手と左手

ｓｋｍｔは思い出そうとしている。多分ね、忘れてるんだと思う……何だろう。僕のその違和感をつくったものって……。彼はときおり煙草を取り出して吸う。幼稚園小学校を通じ、彼はピアノを習う。彼の周りには、いつも音楽があった。でも、彼はメロディが朗々と歌われるような曲が本当に嫌いだった。

６歳ぐらいだったと思うけど、あたかもこの音から始まらなきゃいけないようにメロディが始まり、ここに行かないといけないかのように展開部があり、で、終わる。そんなメロディには本当に耐えられなかった。オーバーに言えば、西ヨーロッパの音楽というのは、リニアな時間上での起承転結という「物語性」というか「小説構造」を持っていて、それがダメだった。小学生の時に初めて作曲したけど、全然メロディアスじゃなかった。誉めた人はあまりいなかったよ。どっちかって言うと、けなされた印象のほうが強いかな。

彼は和音や調性不調性に対して敏感だった。彼にとっての「音の居場所」とはどのような場所だったのだろうか。

小学校低学年の時、一番自分との親近感があったのはバッハだった。小学2年の頃、彼は母方の叔父に手紙を書いたことがある。

左手は伴奏で、右手が「きれいな」メロディを弾いているような音楽は、本当に嫌いだったのね。そういう曲を弾くのも嫌だし、聴くのも嫌だった。なぜバッハが好きか、叔父さんに説明したことがある。それはね、バッハの曲では右手と左手が「対等の役割」を持っているから。そこにすごく自分は感動してるわけ。左ききだったからかな。だから、左手が異常におとしめられてるってことに対して反発があったんじゃないかな。

でもね、「左ぎき」って言われることで引け目とかを感じたことはないけど。むしろ得意だった。

## 010　自分の顔

「違う」ということがとても好きだった。特に、自分が人と違うっていう意識はすごく強かった。それは小学校で他の子たちが学生服を着てるのに、自分だけブレザーを着ていたからだけではない。他の子は何で同じような顔をしてるのかと思った。しかもそういうふうに思うのは僕だけなのか、他の子も一人ひとりそういうふうに自分のことを思っているのか。わからない。長い間、それは謎だった。

skmtは鏡をよく見ていた。鏡で自分の顔をながめる。この顔が世界にひとつしかないというのが不思議だった。確かに他の子どもたちと違うように思えるけれど、「僕が僕だから」違って見えるのか。それとも客観的に違うのか。他の子どもたちも自分のことを「違う」と思っているのか。彼は鏡をずっと見続けている。

## 011　わからない

好きなふうに弾いてごらんなさいとか言われても、自分の好きなものって何だろう？

全然わからない。

喋りたいように喋るとか、言いたいこと言ってごらんなさいとか。

どういうメロディを書きたいのとか言われても、わからない。

自分が何を考えているのかわからない。

自分が何が好きかってことだって、よくわからない。

だから、すべては手探りしながら行くしかない、見えてこない。

## 012　教室で

よく友だちと喋っていた。なぜか三枚目を演じていた。集団の中心になるのが嫌だった。

ある日担任が「将来の仕事、希望」のようなものを生徒に書かせた。

「何にもなりたくない」と書いた。
何かに所属するのを恐れていた。

## 013　想起の回路

昔話を「語る」のは嫌いだ。子ども時代を物語ったり、記憶の話をしたりするのは。でも、記憶には独特な回路がある。全く忘れていたシーンやエピソードをある時に急に思い出すことがある。日の光や色、質感、空気……それらが一度に想起され甦る時がある。

自分の子ども時代のことを回想する心の状態は独特のものだよね。それを気持ちよく語る人と、恥ずかしがったり嫌ったりする人もいる。でも、どっちにしても独特のもの。もうこの世にはなく、記憶の中にしかないある風景を思い浮かべる心の状態。僕は、ある種の映画を観た時とか、ある種の音楽を聴いたり、ある種の絵を観た時に、それと似た感覚が生まれることがあるよ。何か忘れていた記憶が呼び起こされる、脳の化学的な状態というのは独特でさ、どこかに、あまり使われなかった記憶があって、それが突然、もう一度活性化されて出てくる。それってすごく心地いいものなんだよね。その忘れてた記憶は民族単位で考えると、集合意識的な物語にもつながっていくんだろう。芸術って「なつかしさ」と結びついている。

## 014　映画館

幼稚園には一人で通ってた。彼は、帰りに二人友達を誘って彼らは渋谷の映画館へ行った。もちろんお母さんと一緒じゃなかった。10円で観られる映画館。入って座ると、スクリーンいっぱいにニュース映画が上映されていた。彼のその行動は、幼稚園で大騒ぎとなった。「もう二度と、絶対しちゃいけません」。先生が言った。想像に反して大騒ぎとなり、後まで語りつがれる事件になった。でもちょっと得意な気持ちがした。

## 015　赤とんぼ

『赤とんぼ』を歌わないで、忘れていたもの、風景とかを、それも日本人だけじゃなくて、どの国の誰の中にも喚起させる音楽をつくること。

サンプリングで20年前のフォークのフレーズを使ったり、ビートルズのコードを使って、システマティックに「郷愁」をつくり出しても、それは書き割りと同じことだ。だから、言語や文化や民族の歴史の違いに依存しないで、全く新しい音の組み合わせで、忘れられている感覚や記憶を喚起すること。いつもゴダールにどきどきさせられるように。

## 016　そのことを彼は「少女趣味」だと言うが……

小学4、5年。モネやマネの描く貴婦人の顔に、30分ぐらいうっとりしながら見とれていた。真似して描いたりしたこともある。

## 017　ドビュッシー

中学2年生。「むちゃくちゃ遅い邂逅」。小学6年生、中学1年生はベートーベンに費やしてしまう。叔父が、レコードコレクターで、彼はモーツァルトのレコードを何百枚も持っていた。基本的には古典好きだったが、その中に何枚か近代の音楽を持っていた。ドビュッシーを聴いた時、「何で僕は今まで聴いていなかったんだ」と自分が遠回りしてしまったことを後悔した。ｓｋｍｔは、すごく口数の少ない子どもだったから、叔父にもそのことは相談せず、黙って勝手にレコードを持っていって一人で聴いていた。

## 018 Basta Pasta

最初、インタビューはｓｋｍｔのスタジオ兼自宅で行なわれた。インターネットの可能性について彼は喋った。コンピュータと本と録音機材のある地下室の椅子に腰掛け、ラップトップに映し出された、ロバート・バーグマン＝アンガーがデザインしたホームページのフロントページを見せた。そして今、夢中になっているデジタル・カメラでスタジオの中の風景を撮影した。

写真の才能ないけどね、この写真最高。あるんじゃないかな。これだといいのが撮れる、普通のカメラだと全然ひどいよ。普通のカメラじゃ駄目なんだもん（笑）。だから、こういう人、たくさんいるんじゃない？　ピアノとかは全然駄目だけど、何かね、デスクトップでつくる音楽だったらすぐ出来ちゃった、みたいなサラリーマンとかさ。そういうの出てくんじゃない？　それはいいよね……。

晩御飯はバスタパスタへ行く。若木信吾、ＴＡＪＪＩＭＡＸ夫妻もいた。店の中は、客であふれ、音楽の音もうるさかったが、インタビューは続いた。子ども時代、感覚の起源、逃亡、インターネット……。話はあちこちに飛ぶ、クリックしたように。ｓｋｍｔは、ワインを飲みながら、大きな声で喋り続けた。テープレコーダーを手に持って彼の声を録音する。周りの席はおとなしく喋っていたが、彼は陽気なネイバーフッドのように、まるで熱のこもった歌のように、政治スローガンを語るように喋る。昂揚。

## 019　どこにいるかわからない

彼は世界のどこかにいるけれど、どこにいるのかはわからない。パリの空港のロビーかもしれないし、新宿のホテルの部屋かもしれないし、辺境の地の山の中にいるかもしれない。

逃亡者。電子的ヒッピー。住所なし。

でも連絡はくる。いつも世界中を移動して暮らしている。彼は行方不明っていうわけじゃない。電話回線のあるところにいれば、電子メールを送ると、またたく間に返事が返ってくる。

背中に楽器やラップトップの薄いコンピュータしょって、とことことこ、どこかに行っちゃう。どこにいるかわかんないっていうのに憧れる。理想だな。電子メールっていうのは、非同期的なコミュニケーション、つまり〝ずれ〟があるから、プライバシーが保てるしね。だからね、チベットとかアラスカとか、シベリアにも行きたい。チベットは電話回線がないから、ちっちゃなパラボラアンテナを携帯で持っていく。そうすれば1年ぐらい暮らすことができるよ。本当に考えてる、マジで。変な人だよね。

自分のことを他人のように楽しんでいる。

## 020 旅に持っていくもののひとつ

グレン・グールドが弾いたブラームスの「インテルメッツォ」。彼の演奏スタイルには小学生の時にすっかりはまってマネをし、さんざんピアノの先生に怒られたけど、直さなかった。

## 021　逃げ場所

どこに逃げこもうか？　彼はデモに行った時、まず真先にそのことを考えた。こっちから機動隊が入ってきたらどっちへ逃げればいいのかな？　まずいことが起こってしまったら、あそこの角に逃げ込もう。ｓｋｍｔの「逃げ場所探し」には年季が入ってる。彼は子どもの頃から喧嘩をあまりしたことがない。両親とも、友人たちとも、派手な喧嘩はなかった。攻撃衝動がないのだ。基本は、いかに誰も傷つけず、自分も傷つかないかってことだ。それはずるい。でも、ずるくあるためには神経をうまく使わなくてはならない。卑怯者。でも、卑怯だなんて気持ちもない。

喧嘩というのは、対他的なものだ。ここは引けないとか、相手との関係における意地の張り合い。

闘わなければ、勝ちもなければ負けもない。負ける闘いはしてはいけない。

勝負すること自体からの逃亡。まずどうやって逃げるかを考えること。それによって人間は賢くなってきたのだろう。明日、暴風雨がくるかもしれないと思うから、日本の都市は発達する。

Q　あなたにとって武装とは？

A　防衛。

### 022　スターリン通り

アメリカ中にブロードウェイという名の道があるのと同じように、あちこちにスターリン通りがある。でも「スターリン」という名が何かを意味しているものだとか誰も考えたりしないよ。ニューヨークは第三世界だから、その名の意味など知らなくても生きてゆける。

### 023　人格／スキゾ

だって今、話してる僕とさ、明日の朝会った時の僕っていうのは、同一である必要なんてないし、必然性もないわけ。

「僕」というものはただ社会的存在として、「対他的」にある。

「人格」なんて「対他的」なもの。

だからそれをとっぱらっちゃったら、スキゾだよね（ところで「スキゾ」って言葉、古臭く響くね）。

## 024　アウトサイダー

逃亡した人とか、アウトサイダーが、その共同体のことを考えざるを得ないという宿命。ユダヤ人だって、そうだったじゃない。ユダヤ人は、世界中にアウトサイダーとして生きなければならなかったから、架空のイスラエルという国を考え出した。今、日本という国は実在しているけれど、僕は世界中にあって見えない国、まだない国、かつてあった国、実在しない国のことを考える。自分がアウトサイダーであり、逃亡者であるがゆえに、架空の国のことを考える。

Q　あなたがなりたい〝他人〟は？

A　チベットに暮らす人。モンゴルで馬に乗って生活する人。潜水が出来る人。月に行く人。女性。ノーチラス……。

Q　人生の目的は？
A　ない。
Q　生きる信条は？
A　ない。

1996年9月5日　東京

025　質問／答え

Q　戦場とは？
A　生きること。今、ここ。

Q　人生の主題は？
A　どう人生を全うするか。

### 026　ワールド・ツアー「1996」

坂本龍一（ピアノ）、ジャック・モレレンバウム（チェロ）、エバートン・ネルソン（バイオリン）のトリオによるワールド・ツアー「1996」は、6月15日のニューヨーク・ニッティングファクトリーを皮切りに、最終日の9月1日の大阪公演まで実に37回、イタリア、フランス、スペイン、ポルトガル、デンマーク、ギリシャなどのヨーロッパと、アジア、オーストラリアでの公演が行なわれた。ツアーは、最小単位のスタッフで行なわれた。トリオのメンバーたちは、ある時はバスで、またある時は、飛行機で移動してまわった。もちろん、毎晩ねぐらの「国」は変わっていた。

### 027　ファンクショナルMRI

ホテルのカフェ。彼はカプチーノを頼む。テーブルの上には、ラップトップ・パソコンが置かれ、彼は会話の中でコトバを見つけるとすぐにインプットする。「だってすぐ忘れちゃうからね」。2カ月半にわたったツアーが終わり、大阪から戻ったばかり。ある種の虚脱状態。でも話を始めると、もう別の「活動」にとりかかっているので驚かされる。

その日の夕方は、2度目の「実験日」にあたっていた。彼は脳実験のボランティアを志願する。それは、立花隆の『脳を究める』を読んだことがきっかけだった。立花隆のメールに、「脳研究のサブジェクトとして自分が実験台として役に立つのではないか。あなたのリコメンドする研究者を紹介してください」と彼は送った。ほどなく東京大学医学部音声言語医学研究施設の杉下守弘教授を紹介された。実験は、ファンクショナルMRI（機能的磁気共鳴画像法）の装置に横たわり、コイルの中に頭部を入れコンピュータで脳機能を画像化する。彼はこのMRIの実験台となり、リアルタイムで音楽を作曲した。その脳の状態がつぶさに測定されるのだ。

1回目の実験の結果は、杉下教授たちを驚かせた。ひとつには、大脳の右と左を連絡する「脳梁」が普通の人より異常なほど太いということだった。はっきりとした理由はわからなかったが、「多分、音と映像の情報交換を激しくやっているからじゃないか」というのが研究者たちの意見だった。ふたつめには、左利きのせいらしく、普通の人ならば左脳が「言語脳」で、右脳が「空間脳」と言われるものが、どうやら反対だということだった。作曲に集中してる時、左脳のある場所に血液の流れが特別に活発になるところがあるというのが実験結果として得られたことだった。

## 028　心の声／頭の中の音楽

機械の中はものすごく大きな音がする。与えられた課題は「少年時代」。ｓｋｍｔは、楽器も使わず手も動かさず、頭の中だけで作曲する。気が散る。きちんと40秒間、頭の中で作曲し、また40秒間休む。でも、完全に集中することが難しい。シューマンの『子どもの情景』みたいなものをつくってみることにする。頭の中で自分が、譜面を書いている姿、ピアノを弾いている姿を浮かべればいいのか。何もしないでただ音だけを想像すればいいのか。譜面とピアノを入り混じらせながら、行ったりきたりする。でも、そうしないと作曲出来ないというわけじゃない。どちらかに集中させることができさえすればいい。作曲には、譜面に書く、あるいはピアノを弾くという指の動きがある。運動を消去して純粋に音だけで作曲したほうがいいのかもしれないと思う。

ねえ、「心の声」っていうのは、しょっちゅう鳴ってるでしょ？　えっ⁉　考える時、単に言葉が浮かぶだけじゃなくって、必ずある種の「声」として聴こえてこないの？　えー、ないの？　そうなの？　僕は言葉の声が心の中でいっつも聴こえてうるさくてしょうがないんだけど（笑）。そうか、「声」が聴こえてない人もいるなんて知らなかったな。僕なんて、うるさいぐらい。音楽も同じ、頭の中で鳴るんだよ。

## 029　音楽の奥にあるもの

鳴っている音じゃなくて、鳴る前の抽象化された音の組み合わせ。そこでは音が鳴っていないんだけど、奥に抽象化された世界がある。抽象世界があれば、論理装置だから、楽器の組み合わせを変え、音色はどうにでも変えられる。数学における因数みたいなもんで、Xの値とかYの値が変換出来るように、いかようにもアレンジできる。アレンジしてもその曲はその曲なわけ。ところが、自分の曲の中で変換できないのもいっぱいある。それは単に楽器の数が足りないだけじゃなくて、サンプリングだけでつくった曲は、鳴った音自体が音楽だから、そういう曲は抽象領域がなくって、「表面」しかないから変換はできないよね。鳴ってること自体だけが音楽だから。アレンジして何かに移しかえたりすることはできない。トリオでやる時は、オリジナルの曲をピアノとチェロとバイオリンに書き直すわけだけど、オリジナルよりもよくできたと思うのは『美貌の青空』。最初のプレゼンテーションの時の、XYの値が、ベストじゃなかった場合もあるわけ。2度目にやってみたら、オリジナルのXYよりも、もっといいXYの値がある場合もある。もしかしたら、もっといい組み合わせが無限にあるかもしれない。裏に「抽象物」があれば、いくらでも試行錯誤できる。

**030　演奏とは……**

Q　あなたにとって演奏とは何か?

A　快感。歓び。

**031　エモーション／強度の音楽**

人は音楽を聴く時、何を聴いているのだろう。弾き方や技術、それとも音楽の奥にある抽象的な世界を聴いているのだろうか？「何でしょう？」と彼に聞く。彼は「抽象物を聴いているふうでもないなあ」と答えにくそうにしている。

エモーションじゃないかな。音の一個一個じゃなくて、音楽として発してる強度、強さだけでいいんじゃないか。同じ曲をやるにしてもツアーの一番最初、ニューヨークのニッティングファクトリーで演奏したのが〝強かった〟ような気がするな。いろんな場所で演奏しても、一瞬の強さはアベレージをキープしてるけど、でも何かが、徐々に変わって変形してきたような気もするし、不思議。

では、彼の音楽はどの「段階」で鳴っているのだろうか？　抽象的な部分で、演奏される前から鳴っているのか？　それとも演奏してみて初めて「自分の音楽」として鳴るのか？

それは両方。お芝居をやってると思えばわかりやすいと思うよ。抽象世界というのは、〝台本〟だと思えばいい。ステージに立って観客を前にしてお芝居を始めるでしょう。観客は、台本を聴かされるのではなくて、台本の向こう側にあるパフォーマンスされた結果を聴く。音楽もそれに近いものがある。台本で同じセリフであっても毎晩ニュアンスが変わるように。それに似てるかな。僕はスクリプトライターであると同時にプレイヤーだから。

## 032　ワープ

1音だと音楽は成立しない。二つ以上音がなくてはならない。二つ以上の音からメロディや様式やビートが生まれてくる。音色の組み合わせによって瞬間的にどこかに連れてゆくこと。

2音以上弾くと、〝あそこに行ってるんだな〟ということがわかる。だから即興とかやってるとグレゴリアン・チャントだったり、バッハだったり、次の瞬間にはバリ島へ行ったり、ポップスや近代音楽へワープしながらどんどん変化していく。だから、演奏者もまた、ただ演奏がうまいだけじゃなくって、作曲能力や、音楽の引き出しや知識がないといけない。

## 033 ギリシャにて

「場所」に影響されるということは、生まれて全く初めての経験だった。それまで、音楽は音楽なんだからどこでやっても同じだと思っていた。超合理主義だから。でも、アテネの大理石づくりの円形劇場で演奏した時、その場所に入って、そこの音響を聴き、目で見て、体で感じて、ものすごく快楽をもたらすものがあることを知る。それは、場所からのバイブレーションが確実に伝わってきて音楽を左右した、初めての体験だった。

## 034 郷愁

Q　あなたにとって特別な場所は？
A　アテネ、バルセロナ、そしてポルト。

「美しいものはどこか郷愁的である」

## 035 満たされないから

僕にとって、音楽の美の基準のX軸とY軸は、ドビュッシーとバッハだと思う。でも、だからと言ってしょっちゅう聴いたりはしない。きっと、抽象的な美のルーツだからだろうね。たまに聴くと、実際のドビュッシーもバッハも、僕のイメージより低いんです。記憶の中に留めておいたほうが気持ちいいから。たしかに素晴らしいんだけど、一度味わっちゃうと、なんか足りない。満たされないから、それでより満たそうと思ってつくるんだと思う。

## 036　悲しみの井戸

ベルナルド・ベルトルッチは『リトル・ブッダ』の時、作曲してきた彼に対して「悲し過ぎる」と言い、悲しみの果ての希望を求めた。作曲のやり直しを命じた。彼は激しくやり合いながら、その曲を手直しすることはやめ、全く違う曲を書いた。

僕にとって、「悲しい」というのは、〝下に向かうエネルギー〟なんです。「井戸」みたいな穴が空いていて、無限に下って行ける。それが10メートルぐらいの井戸なのか、7メートルぐらいの井戸なのか、その井戸の深さで「悲しみ」を調節してるんです。ベルトルッチが「悲し過ぎるからだめだ」と言った時、じゃあそれを改良すれば10メートルのものが7メートルになるのかといえば、ならない。同じものでは使えない。7メートルの違う井戸を掘らなくちゃならない。『スムーチー』というアルバムで、『ブリング・ゼム・ホーム』っていう曲をつくったことがあって、あの時は、テーマにすごく悩んで、ええーいって盲滅法に掘ってみたら100メートルぐらい深い「悲しみの井戸」ができちゃった。あの時は、こっちに井戸を掘ったり、家を建てたり、「想像の風景画」を描いてるみたいにアルバムをつくっていった。

## 037 トリオ

今までずっと十何年あちこち寄り道をしながらきてたから、少し腰をすえてひとつのスタイル、高度なものを深める努力も必要だなと頭ではわかっていた。トリオをやって得た一番大事なこと。それは、このトリオという形が、今までのどんな音楽のスタイルよりもエモーションが観客に伝わり、観客の感情が自分たちの演奏に直接反映されてくるということ。バンドとかコンピュータを使った形態だとそんなことを感じたことはなかった。

次の具体的な音楽の可能性はもう見えているんです。でも、見えていることはやりたくないっていう気持ちもある。今は、このトリオの音楽から逃げたいという気持ちと、この形態をもっと深めたいという両方の気持ちがある。

## 038　旅嫌い／ペインフル

旅行は嫌いだからね。きっと、本当に嫌いなんだよね。出無精。でも、行った先で見る風景、食事、人との出会いは好き。飛行機も嫌で嫌でしょうがないからさ。ステージの2時間は快感なんだけど、好きなものには必ず痛みがくっついてまわる。入院して手術されると治っていいんだけど、手術には痛みが伴うでしょ。それと同じ。ペインフルなんだよ。痛い、痛い……。

## 039　中国

新しい土地を移動する。警戒。言葉、色、習慣、匂い。すべてが変わっていく中にぽつんといる。神経や肉体は、どんな些細なことも見逃すまいと、小さな音、外界からのちょっとした変化に敏感に反応する。ちょっと情報が多すぎて辟易。

ツアーを続けていると都市のエネルギーの差を感じる。ある地域が持っている潜在的な強さが、その差がはっきりとわかる。

ヨーロッパはゆっくりと死んでいる。アジア太平洋地域は、すごいエネルギーを感じる。もはや、差ははっきりしている。21世紀はもう完全に、中国人の世紀になることだろう。

シンガポール、香港、台湾、中国。アジアの中国人コミュニティの国をすべてまわる。ｓｋｍｔは、たった今の最大瞬間風速の強さをシンガポールと中国で感じる。

5年先、10年先、中国はとんでもない存在になるだろう。中国人たちは自分の論理を絶対に曲げようとはしない。よかれ悪しかれ、国全体が力をつけて、中国の論理を外の世界に押しつけてゆくだろう。日本人もこの50年間に学習し蓄積したことは結構大きい財産になっているけれど、今後の日本は本当に難しいだろう。アジアの中国人コミュニティと仲良くするぐらいしか生き延びる方法はない。でも、はたして向こうが仲良くしたいかどうか。

## 040　ためらいのなさ

嬉しさの表現に対して何かを抑えたりせず、ストレートであること。何物も躊躇せず、反応は野獣のように。それがラテン度の高さ。ためらいのなさ。でも、そこに同時に批評する自分もいないといけない。美しいと思った時、ためらいなく反応すること。そして、なぜ美しいんだろうという自己批評を同居させること。

## 041　北京にて

ｓｋｍｔは演奏中に舞台から客席に飛び降りた。ステージの上から何度も「君、やめてくれる」と一人の観客にむかって彼は喋りかけた。観客は「わかった」とか言いながらも、写真を撮り続けた。セキュリティもクルーも動かないから、彼はキレて舞台から飛び降りたのだ。男は、写真を撮るのをあきらめ、彼はまた舞台へ戻った。彼は英語で、一人のために皆を不愉快な思いにさせて遺憾だとステートメントした。観客もクルーもそれを拍手で迎える。

## 042　歪み

やっぱり、この国は、一度壊れないとだめなんだと思う。壊れる必要がある。壊れたあと、生き残っているものが本物だと思う。戦争がないから、壊れないじゃん。日本に限らないけど。戦争がないと、闘争本能が発揮できない。だから、〝歪み〟はますます大きくなる。柄谷（行人）さんも言ってたけど、アメリカもそうなりつつあるよ。僕がアメリカに移住して最初に思ったことは、アメリカはもうヴェトナム戦争のことを忘れ始めてるってことだった。今日、たまたまCNNを見てたら、アメリカ人が今のアメリカは50年代、60年代のアメリカに戻りつつあるって言ってたね。つまり、ヴェトナム戦争以前のアメリカに戻ってるってこと。黒人とか、東洋人とか内部で差別していたのが、今はターゲットが定まらない。敵がいない状態。日本もそうでしょ。その〝歪み〟は大きいよね。表面から暴力が消えるっていうのはひとつの病理として恐ろしい。弱さ、清潔さから何かが生まれるとは思わない。

**日記から（1996年9月20日　ニューヨーク）**

巨大なネットワークが奏でる音楽は
どんな音がするのか？
中心のない音楽。

ピグミー族やクジラにヒントはある？

**日記から（1996年11月12日　ロンドン）**

ロンドンでの最初の晩。夜10時に寝て、3時に起きた。メールを書いている。今日はアメリカではVeterans Day。ヴェトナムでナパーム弾から裸で逃げた少女がCNNに出ている。涙が出る。現在のアフリカでのクライシスにも涙が出る。子どもを苦しめる行為をする者は、すべて処罰されるべきだ。

人間同士がこのように殺し合っても、依然として鳥は美しく鳴くし、空も美しい。同じように音楽もあるべきではないか？

**日記から（1996年12月6日　ニューヨーク）**

「f」、「救い」の章。

疑問。なぜ庭の木の枝は先だけ白いのか？

パーフェクトな「美」とは、自然なのか？

美しさと快適さは無縁だということ。

（略）

夕暮に散歩。

旧ユーゴスラヴィアでのデモで女が警官に花を渡している画像をニューヨーク・タイムズのウェブ・サイトからダウンロード、60年代がここにあるのを見て、思わず涙が出る。

1996年12月16日　水戸

043　即興／即興嫌い

ｓｋｍｔは水戸芸術館ＡＣＭ劇場で、たった一晩だけ、映像作家の岩井俊雄とコラボレーションを行なった。それは、彼が弾くピアノの音を、岩井俊雄がコンピュータを通じて乱舞する抽象的な映像へと変化させるという「セッション」だった。音／音楽を視覚化、映像化するだけでなく、映像によって音楽が影響を受けて変わっていくのだ。あるのは「ミュージック・プレイズ・イメージズ／イメージズ・プレイ・ミュージック」というタイトルだけで、「曲名」や「作品タイトル」はない。

小さなステージには2台のＭＩＤＩピアノが置かれている。それらのピアノはステージいっぱいにはられた巨大な「半透明」のスクリーンから飛び出している。暗闇の中で、ピアノの内部とキーが浮かび上がる。ピアノの横にはコンピュータのモニターが何台も置かれ、映像がコントロールされる。正方形のブルーのスクリーン。彼がピアノを弾き始めると、ピアノの中から、光の破片が湧き上がってくる。それらの破片はまるで魚のようにスパイラル状に回転して泳いでゆく。あるいは、スクリーンの中心から放射状に広がってゆく。光の魚。三角形のタマシイ。浮遊感。美貌の青空。たえることのない、流れ。すべては流れてゆく。ぼうすい宇宙のような形で。それらは花になり、渦になる。曲の変化により、アブストラクトな光の運動もまた変化し続ける。ラスト・エンペラー、白い光の柱が天に伸びてゆく。エモーショナル・フィードバック。断片、変奏と反復。いや、差異と反復。僕らは大切なことを覚えていられない。彼のシャツの色が茶色だったことを。髪の色。映像を見上げる表情を。すべては消えてゆく。

ｓｋｍｔは即興というものが嫌いだ。スティーヴ・ライヒの音楽についての岩井とのやりとりの中で彼はこう言う。「人間が演奏するrepetitive（反復的）なものって、うまくいくと非常に興奮しますね。〝人間テクノ〟なんて言ってますが、僕も大好きです。……決まったフレーズを繰り返すのって、気持ちがいいです」

コンサートの翌日、メールを彼に送る。質問は、「あのステージの上でどんな体験がくりひろげられていたのでしょうか？　〝未知〟と言える体験だったでしょうか？」

３日後、返信メールが送られてきた。それは次のようなもの。

今、恥ずかしいけれど「原点」のようなものを探っています。

「原点」と言っても、大袈裟な回帰ではなくて、何というか素直に僕自身から出てくる「歌」のようなものです。

理性とか理論とか技術とかマーケティングとかを排したあとに残るようなもの……。

今度の『ｆ』の新曲も同じことです。

mitoでは、そういう「歌」が少し見えた時もあったと思います。

お返事、まってます。

1996年12月30日　東京

## 044　ある日、夢の中で

12月の頭からとりかかって、わずか2週間で『f』のための新曲は完成した。実は彼は11月末までは、既存の楽曲をオーケストラ用に再構成し直すつもりだった。トリオのツアーが終わり、ニューヨークに戻ってからすぐにとりかかるはずの作業がずれこみ、作曲にとりかかれないまま時間は経っていった。過去の曲の焼き直しをやるなんて気がのらない。トリオのツアーが終わったばかりで、その余韻の中じゃ、ただオーケストラ用に編曲するだけなんて、同じことが繰り返されるだけで、気がのらない。彼はそう思って毎日を過ごしていた。

ただなまけてるだけかと思ってたんだけど、ニューヨークである日、夢の中で気がついたんだよ。過去の曲でやるってこと自体に気がのってないってことにさ。ああ、だから進まないんだ。新曲をやらなくちゃって。夢の中で決断があったのさ。で、目覚めるやすぐに皆にメールを送った。「夢で決めたんだけど、新曲にします」って。シンセにむかって作業を始めたら、5時間後、もう曲の構想が出来ていた。それは、4楽章構成からなる1時間ばかりの曲だった。

**045 悲惨**

Q　今までで一番悲惨だと思ったこと、時は？

A　悲惨だと思うことがありすぎて困る。世界は悲惨なことで満ちている。一時、ニュースを見ることができなかった。何にも出来ない自分を見ることも悲惨だ。

**046 『f』untitled 01**

この曲の動機は、ちょうどその頃起こったザイールやウガンダでの大量難民・クライシスが引金だった。瞬間的に4つのタームが生まれた。すごく単純だけれど強いコトバ。「悲しさ」、「怒り」、「祈り」、そして「救い」。

4つの曲は、起承転結のような構造が全くない。それは「感情の風景」。4つの感情、「救い」とか「祈り」を感情というコトバで括れないかもしれない。4つの「平面」があるとすれば、そこには、ストーリー・テリング的なストラクチャーはない。ひとつの楽章の中にも、山あり谷ありといった、音楽的なストーリーは排すこと。ただひとつの「感情の風景」が続くだけ。例えば、「祈り」なら「祈り」という精神状態のランドスケープがダーンと続くだけ。ナラティブなストラクチャーはない。（言葉はちょっと恥ずかしいけど）作曲する時にすごく意識したのは、プラトー。高原状態である。

## 047　20世紀へのレクイエム

ここ2年ぐらい浅田（彰）君とメールのやりとりとか、会ったりした時、話に出るのは、20世紀の世紀末が「千年」の世紀末でもあるということ。20世紀に対するレクイエムが必要だって話。僕は20世紀に対するっていう意識はあんまりなかった。すでに、いろんな作曲家がレクイエム書いてるでしょ。モーツァルトも、ヴェルディも、フォーレも書いてるし、僕が特にレクイエム、という気もしたし、鎮魂ということに関心がなかった。ところが2年前ぐらいから、レクイエムをつくんなきゃっていうことが頭にやってきた。『untitled 01』は、直接的には、ザイールとか、アフリカでのクライシスが引金だけど、ある種、20世紀の音楽や芸術、文化に対する表明。レクイエムということもあると思う。

やっぱり、僕の場合、自分の音楽についての勉強の過程と、20世紀における音楽のプロセスっていうのが重複してる。だから、20世紀の音楽の中で、自分の音楽にとって何が必要なのか、何を受け継いで21世紀へ持って行けばいいのか、何がいらないのかってことをシャッフリングすることが今、必要だと思う。

### 048　20世紀の終わりに

Q　人類の黄金時代はいつだったか？

A　1970年まで。

Q　新世紀についての予言をひとつ

A　20世紀のつけを払うことになる。

20世紀が終わろうとしている。「疑問」は消えるどころかますます大きくなるままだ。数々のクライシス、はたして人類は救い合うことができるのだろうか？　しかし、この問いの答えを聞いてみたい20世紀をつくった人たち、足跡を残した偉大な政治家、文学者、映画監督はもうすでにいない。

### 049　フィルター

僕自身が一種の20世紀音楽のフィルターだと思う。無調音楽、12音音楽、電子音楽、セリー音楽、そして、ミニマルミュージックで現代音楽は終わった。それらの中には、面白いものもあれば、つまらないものもある。自分にとって必要なものは需要として吸収し、いらないものは捨てればいい。僕の中には、ミニマルも、ジョン・ケージも、リゲッティもすべてが断片として入っている。

## 050　僕の音楽の「単位」

なんか、音楽聴いていて、「ある響き」の好きなところだけをサンプリングしてそれを延々と繰り返す。それでもうハウスになっちゃうと思うんだ。そんな「一瞬の響き」の好きなところっていうのは、例えばシェーンベルクにもあるし、アントニオ・カルロス・ジョビンにも、フィリップ・グラスにも、ベートーベンにも、スティーヴ・ライヒにもある。それがたぶん、僕の音楽の最小単位と関係ある。音色なのかな。バイオリンの音色とかっていう言い方をするけど、和音も実は音色なんだよ。この音と、この音が重なってつくられる響き。もちろん音楽というのは、時間芸術だから、ストラクチャーの感覚も必要だけど、僕にとって一番のプライオリティ（優先順位）は、「その一瞬の響き」なんだよ。「いい響き」をするかずっと聴いていて、一瞬でも「いい響き」があったら、それが記憶にポンと入ってくる。その作曲家のどの曲のどの部分に「いい響き」があった、そういうふうに覚えてるの。それがたぶん僕の音楽の最小単位だと思う。

## 051　音楽の恩寵

Ｑ　音楽の恩寵は何？

Ａ　数学と建築とＳＥＸを一体化させることができる。

## 052　反復と変化

反復していくだけで充分なんじゃないかなと思う。反復に変化がつくとすれば、機械の故障であるとか、自動的な変化のほうが好きだな。

## 053　祈りの音楽

ｓｋｍｔは作曲する。コンピュータに、モチーフをスケッチの形でどんどんとっていって、それがどれぐらいの時間、使用可能かをシミュレーションするために鳴らしてみる。他に何かないかといつも考える。すでに自分が知っている音の組み合わせはつまらないから、時には、なるべく無意識な状態、トランス状態にして、理論や技法でためこんだものじゃないものを引き出そうとすることもある。

今、彼が書こうとしているのは「祈りの音楽」だ。

「祈りの音楽」をつくろうとした時に、心の状態を知らなければ「祈りの音楽」なんて書けない。じゃあ、本当に祈らなきゃって。祈りの実験。自分を祈ってる状態にして、そこからどういう音楽が発せられてくるかというのをよーく耳をすまして聴く。でも、ひょっとしたら何も聴こえてこないかもしれない。というのは、祈る人はたくさんいるけども、祈ったことによって音楽が出てくるわけじゃない。僕は音楽家だから、祈った状態の音がどういうものかということを自分を使って実験し、体験するのが職業でしょ。これは自分が今まで体験したことのない、祈りだなというところまでいったとして、そこでどういう音が聴きたいか、出したいか。よく耳をすます。でも、それが自分が思っている音楽に満たない時もある。

「祈りの音楽」ははたして、音色として出てくるのだろうか。それともメロディとして出てくるのだろうか。

「一瞬の響き」だけでは、一種哲学的、あるいは精神的な状態をつくり出すことは出来ない。ある程度の時間的長さ、ということはつまりメロディなんだけど、ある引きのばされた時間軸上の音色の変化が必要となる。でもね、自分ではなるべく一音だけの「ミニマル」な最小単位で、言い方を変えれば「エコノミカル」にある「精神のステイト」に見合う音をシンプルに出そうと心がけたんです。ある心の状態にいくには、それを伝えるための技術が聴こえてしまうのは邪魔なんですよ。伝えるということを考えた時、普通、伝えたいものがあったり、あるいは原因と結果とか、心の葛藤のドラマとかを想定しがちだけれど、僕にとっての心の状態って、それとは全然違うことなんです。それは、ただ10分とか15分間続く音の「高原」であって、山を登って降りるようなものなんです。

だけどさ、45年間生きてきて、祈りの状態を自分の中につくり出そうとか、そんなことを思ったことなんてないわけ。自分自身に対して出した問題への思考実験にドキドキする。

## 054　感情

彼が「感情」に近づくのに25年間かかった。かつて「音楽は感情表現だ」とか、「音楽が人々を勇気づける」とか言っていた人間に、怒って襲いかかっていた男が、誰よりも「感情」に接近しようとしている。

## 055　ムービングであるかどうか

作曲するテーマのプライオリティについて。それはもちろん作曲家の年齢や、つまり未来に残された時間によっても判断される。あるいは、人間が忙しく動きまわることの時代の、時間の不足の中で（「いやあ、音楽なんて聴いてる暇がなくてさ」）、人々にどのような音楽の体験を提供するのかという判断によっても決定されるだろう。見かけ、ファッションとしての音楽。音楽をやり出す動機としての「カッコよさ」。それはクラブのＤＪであれ、ピエール・ブーレーズのセリー音楽であれ、共通する動機となる。しかし、だからといってそこに何があるというのだろう？

感情だけじゃなくてムーブする、ムーブされるってこと。そういうものが自分にとってのプライオリティの高いテーマになる。あと15年間、1年に1作大作をつくっても、15曲しかできない。「感情」っていうのも、自分の中じゃプライオリティが高いテーマなんだ。例えばコム・デ・ギャルソンの仕事を見たら、川久保玲さんが、どれだけの精神的な緊張度や想像力をクリエイティヴィティに費しているか伝わってくる。本当にムービングなもの、動かされるものがある。表面的なカッコよさとか、そういうことへの関心より、自分のつくるものがムービングであるかどうか、そのことだけに関心がある。

## 056　独白

なぜ、自分が一番不得手だと思っていたことをやっているのだろう?
なぜ、望んでもいないのに、こんな場所に来てしまったんだろうか?

## 057　驚き

次が思い浮かんでいるから、今のものを書く。

面白いか、面白くないか。

鳥肌たちたい、ドキドキしたい、ショック受けたい。驚きたいからやっているだけなんだよ。

## 058　ヴァーチャル／リアル

架空の、想像された場所で、どういう音が鳴っているのかを頭の中に、創造的に発生させること。どんな音が、どんなエコー、どんな低さで、流れているのか。どんな光がさしているのかまでも想像する。行ったこともない、やったこともないシーンの音を聴くこと。それを現実に出してやること。だから、彼の想像の中で生産されたものは、それが他人から見ればヴァーチャルだけどリアルだったりする。逆に現実に対して実際の音にしたものは、他の人から見ればリアルでも、彼にとってはヴァーチャル、つまり「ひとつの仮の答え」に過ぎないものであって、「他の答えがあるかもしれない」と彼は言う。

## 059　どんな音楽を？

どんな音楽をやっていきたいのか。そういうのはない。誰かのためにという目的を持った音楽はわりと簡単で、僕にとって面白くない。だから、何のためにという目的なんかどこを探してもないような、僕という人間がそれをつくりたいから、という原因しか生まれてこないような音楽をやることを考えています。

## 060　クライシス

僕にとってのクライシスは、「救えない」というクライシスなのね。人類が人類を救えないだろうというクライシス。でも、「救いなさい」なんていうのはあまりに傲慢過ぎるし。努力を捨てちゃいけない。そんなこと言える権利のある人間は、一人もいないと思うから。

だから僕がやろうと思ったのは、いろんな人にとっての救いというものをサンプリングすることなんです。セックスだけが救いという人もいるかもしれないし、家族愛、ボランティアやパンや水やお金が救いという人もいる。そのすべてが救いになり、同時に救いにならないかもしれないという状態を示したいんだ。

小さな国で、小さなトライブたちが内戦をやり、人々がバタバタと、次々に死んでゆく。でも何もできない状態。「救済」の関係が成立しなくなってきてる状態。その危機こそが深刻なクライシスにほかならないんだよ。今後そういう事態が、地球上のあちこちに発生するだろうね。

## 061　白痴状態で

音楽をつくる時の状態は、言葉が喋れない状態だから、一種の白痴状態。ほとんど無意識状態で、音をつくる。音を決めるといってもそこには無限の点がある。だけど、耳で聴いて、ある点を切り、この音じゃなきゃいけないということが、白痴状態でわかる。なぜこの音じゃいけないかは、全く説明不可能。コンピュータをいじると、自分が無意識になれるし、自分の脳が何を持っているか、自分の中に何が蓄積されているか、あきらかになってくる。

## 062　明るさ

いやに明るいのは危険だ。

## 063　解決しない状態

言葉はね、駄目ですよ。言えないんです。的確に。不完全だから、言い表せない。「救いがない」とか「救いたい」とか言わないこと。特に言葉で。『untitled 01』を聴き終わった時、聴衆が、「これは、坂本は救いがあると言っているのか、ないと言って絶望をあらわしているのか、何なのかわからない」と思えば成功だろう。どっちでもない。その離した状態をそのまま忠実に出したいね、ものすごく悩んだんですよー。

結論めいたことを言わないで、いかに終わることが出来るのか。

## 064　歴史

ニューヨークに住んでいれば、隣に住んでいるおばあちゃんが、実はホロコーストから逃げてきた人だったりさ。今はロシアなんかで粛清された人が必ず家族のうちの一人ぐらいはいる。歴史は必ず荒々しく現実に突き刺さる。日本という空間にいると、とてもその実感から、はてしなく遠い気がする。

## 065　柄谷行人

ｓｋｍｔはニューヨークをたって日本にもどる前日、偶然にも柄谷行人をつかまえて、自分で8ミリビデオをまわしながら、「救い」というテーマでインタビューを試みる（この映像は、『untitled 01』の第4章「salvation」において、ステージ上で流された）。彼が「今の人類にとって、はたして救いの理念とかあるんでしょうか」と問うと、柄谷行人は「それはもう共産主義しかないですよ」と笑った。ソビエト、中国、カンボジア……。共産主義の名のもとに粛清された人間の数は1億人を超えるだろう。共産主義に限らず、人類の歴史には、戦争、宗教や政治の名による死者が累累と横たわっている。それらの人々の魂を誰も救えないだろう。柄谷行人は、「僕は唯物論的な政治ということを考えているんだ、まあ、考えているだけだけど」と言って、彼に説明を始めた。

とにかく、その死者たちを全部記憶すること。個人レベルで、どういう人がいて、どういう感情をもって、どういうふうに生きてきたかということを全部データ化して記憶すること。ユダヤ人たちが、ホロコーストで殺された６００万人の一人ひとりの情報を、できるだけ集めてコンピュータに打ち込みデータ化しているように。

人類史の中で、最後の社会に到着した者（たとえば今なら我々だ）、その者たちこそ最も「呪われた」人間だ。なぜならその者たちの今は、無数の死者の上に成り立っているから。だから一人ひとり個人に至るまでの世界史を全部記憶すること。それしかないだろう。歴史や報道は、死者を数字化し、つるつるにしていく。

## 066　湾岸戦争以降

湾岸戦争以降だと思う。自分も変わってきてる気がする。その前は、「エモーション」ということには関心がなかったもの。あの戦争は、ニューヨークに移住してからすぐ起こった。10代のころ、ヴェトナム戦争とかあったけれど、知っている人が戦場で死ぬかもしれないという身近な体験は初めてだった。80年代、僕は日本にいて、ポストモダンの知的なゲームの中にいたけれど、それが崩壊する同じ時期に偶然にもそれはあたった。もっと現実に、あるいはリアルな歴史に肌を直接触れるという経験は僕にとって大きなものだった。

## 067　戦争

Q　地球上から戦争がなくなるのと、人類が滅びるのと、どちらが早いと思うか？

A　戦争がなくなる。核は今でも抑止力だし、他にも無数の抑止力たるテクノロジーができるだろう。困るのは戦争を抑止された人間の闘争本能をどうやって発散させるかだ。

## 068　他者へ／ネットへ

コンピュータは、自分の脳を外化するわけだけど、ネットワークがない場合、結局クローズド・サーキットなんだよね。そこには「他者」が出てこない。出てこないってことは、ポストモダン的。ちょうど80年代的なんですよ。当然のことながら、神秘主義にいってしまう。それが間違いだとずっとわかっていたんだけどね。そう、他者と触れ合わないといけない。「言葉」の通じない他者と。それで89年頃、コンピュータを使うのをやめて、沖縄の人たちと一緒に『BEAUTY』をつくってみた。かたや世の中はサンプリング全盛でハウスミュージックがあふれてた。運悪く、ワールドミュージックと同じ頃つくったんで、なんか類似品だと思われちゃったんだ(笑)。で、磁石のN極どうしみたいに、反発しあって、スタコラと逃げだしたわけ。

トリオをやる。ピアノを弾く。でもインターネットも拡大していく。その理由は、自分でもわからない。でも、そのどちらもスリリングなところが、好きなんだと思う。ネットのことを「新しいメディア」だと言う人がいる。新しいメディアだという言い方は、レコードからCDになる時やDVDとかがあらわれた時に使われるけど、僕はそんなにドキドキしたりしない。でも、ネットは「新しいメディア」以上の何かだと思うな。何でかっていうと、ネットに僕らの社会というか、世界が全部そっくりあるからじゃないかな。CDにはそんな社会がないからさ。

ネットには、愛も暴力も悲劇も喜劇も全部あるんだよ。

## 069　一筆書きのように演奏を……

インターネットのようなテレコミュニケーションはますます発達していくだろう。

他者への回路は、全地球へ伸びてゆく。しかし、その一方、多くの「技術」は消滅していくだろう。音楽の技術も心の状態も急激になくなっていくだろう。彼は天才的な書家の一筆書きみたいに演奏することを考える。モノをつくる人が日本社会からまず消えてゆくだろう。その復讐が近い将来やってくるに違いない。荒々しい現実のなかで、サバイバルするためには、鍛えられた、現実に触わるための「技術」が必要であるというパラドックスに直面することになる。

## 070 イタリア／キムチ

音楽以外で最近したいこと。イタリアの田舎にいくと15世紀ぐらいに建てられたような農家があるんですよ。そういうのをこれから10年ぐらいの間に買い取り、一年のうち3カ月ぐらい暮らすのが夢なんだよね。それから、おいしい、自分が食べたいキムチを工夫してつくること。韓国人のおばあさんに教えてもらったりね。キムチはアンチジャパネスクだし、いろんなものが入れられるし、官能度もかなり高い食べ物でしょ。ワインもつくるし、キムチもつくる。イタリア産のキムチね。トマトとかもたくさん入ってるの（笑）。

## 071　勝手に逃げろ

商品や情報を投げつけられ、それを消費している子どもたち。やつらは、短時間で消費を続けながら、すべては嘘だってことを知っている。それは確かに痛々しくてかわいそうだけど、僕はお前たちとなんて知り合いにもなりたくないし、肯定なんて出来ない。そこには救いなんてない。その感情はすごくいじわるかもしれないけれど、はっきりしている。僕はやだ、勝手に逃げる。ゴダールにも『勝手に逃げろ』っていうタイトルの映画があったよね。ゴダールが救いだよ。『フォーエヴァー・モーツァルト』なんてタイトルの言葉の組み合わせだけで、もう小さな奇跡だしね。音楽を書いたり、詩を書いたり、絵を描いたり、ネットをやったり。まだまだちょっとした小さな奇跡はある。それが救いかな。

## 072　小さな奇跡

歌とかじゃなく、ただ言葉。音声にも、詩にもなっていないような。小さな奇跡のような言葉のかけら。本当に自分がどうしようもなく出てきている言葉をサンプリングすること。響きに近いもの。瞬間的な、かなり小さな単位の。次のアルバムのプラン。

## 073　オペラ

生涯、好きだと思ったことはない。

それなのになぜか魅かれる。

オペラ＝「作品《オーパス》」の複数形というラテン語の意味に魅かれているのかもしれない。

僕ね、オペラ嫌いなんだよ。聴いたことないんだよ。知らないし、イメージ的にも嫌いだし。スピルバーグの『未知との遭遇』でさ、自分で何でそれが気になるのかわからないけど気になっちゃうもののエピソードが出てきたでしょ。山の模型をつくって、それがどこにあるのか探しに行くじゃない。そういう感じなんだよ。オペラのことは好きじゃないのに、なんか引き寄せられていくんだ。


**日記から（1997年1月17日　東京／仙台）**

仙台公演の日。45歳の誕生日。湾岸戦争が始まった日。阪神大震災の日。山口百恵とモハメッド・アリの誕生日(?)。(略)

**日記から(1997年1月26日　東京)**

「足湯」をして、早く寝ようとしたが、TVで大統領就任記念コンサートをやりだした。すごい！　これを見ていると僕もアメリカ市民になってもいいかな、とフト思う。アメリカがHOMEのような気になる。疲れていて、James TaylarとAretha Franklinが歌い終わったところで寝てしまう。ギリギリの状況から逃げてきた人間たちの真剣さが今でもアメリカにある。だから青臭くなったり、メロドラマになったりする。聖と俗。でも、「あたしたちの祖先は無理やりここに連れてこられた。黒人は書くことを許されなかった。だから歌とリズムに刻んだ。その宝が現在のアメリカの音楽の豊かさだ」と、一黒人女性が大統領の前で言った。アメリカ！　素晴らしい！

**日記から(1997年2月7日　ロンドン)**

(略)シュトックハウゼンの「Etude」「Studie I」「Studie II」、高橋悠治の『音楽のおしえ』などを聴く。この何年もあまり音楽を聴くことを必要としていない。何故か?　しかし「Studie」はなかなか耳を傾けさせるものがあった。ノスタルジックであるとともに、モダンだ。このところ「フーガの技法」「音楽の捧げもの」を聴いている。やはり一音一音、耳を傾けさせる。そうか!　食事と同じで、究極のものにしか耳が反応しなくなっているのか⁉(略)

**日記から(1997年2月28日　ニューヨーク)**

5時20分起きる。酔っぱらってるような感じ。あるいは風邪をひいてるような感じ。体全体がフラフラする。昨日の朝、正確には一昨日の夜の食事から、液体しか摂っていない。このまま断食(fasting)を続けるべきかどうか?(略)

**日記から(1997年3月2日　ニューヨーク)**

今朝は7時に起きた。昨日両手両足が一日中しびれていたのが、今日は全く消えている。しかし、もう5日ぐらい続いている左足の膝の関節の痛みはある。まるで、前に左足にあった痛みが膝に移行したみたいだ。歩くのが少々困難。野口晴哉の『風邪の効用』を読み終えて、『愉氣法1』を読んでいる。

**日記から（1997年3月17日）**

11時に目が覚める。後藤氏に電話。1時すぎ後藤氏来る。4時まで話し、彼を乗っけて六本木に行く。僕はＷＡＶＥで買い物。Verdi の『Otello』、Derek Jarman の『A Portrait』、Paul Bowles『Photographs』、武満徹のＣＤなど。6時、ホテルに帰り、暮れていく光の中で、グールドの弾く『The Art of Fugue』を聴きながら昼寝。8時に起きる。埴谷雄高の Video を見て、薄明や闇もやはりいいものだと思う。僕は影響されやすい。

膝を治すために、姿勢を治す必要がある。正しい姿勢を体に覚えこます必要がある。ピアノをゲットしたほうがいいかもしれない。

## 1997年3月17日　東京

新宿のホテルで。『攻殻機動隊』や『エヴァンゲリオン』のビデオ。記憶や整体に関する本がデスクの上に積まれているのが目につく。

### 074　映画の瞬間

映画には、奇跡の一瞬がなくてはならない。例えば、小津安二郎の、ただ青空が何秒か続くだけのカット。物を純粋に見るという視覚的な喜びと、ストーリーが、表裏一体になる瞬間のない映画は大嫌いだ。極端を言えば、ウォーホルの『SLEEP』や『エンパイア』のように、説明や物語なしに、時間を引き伸ばすだけで、視覚だけの連続によって映画が成立させられたら、それが理想だろう。

### 075　断片／モンタージュ

僕の発想法は基本的にはやっぱり断片的。それで、その断片をどう並べるか。ヌーヴェル・ヴァーグのモンタージュは、断片断片の素材で撮っていって、編集でつくるわけだけど、あれに近いと思う。モンタージュする時に、既成の起承転結的な音楽パターンにすることもできるし、きれいに並べないで、わりと素材のままダラッと放置することも出来るし。

## 076　差異と反復

「主題と差異っていう感じですか?」

「うーん……ちょっと違うかもしれない。主題というと、求心力を要求するからさ」

「はじめから求心力がないわけですか?」

「ないないない。僕の場合は、断片的だったり、ループだったり。〝差異と反復〟が理想だとは思ってるんだけど、それだと売れないからね」

## 077　テクノカルチャー／ストーリー性

テクノっぽい音楽はゲームやアニメほど売れない。圧倒的にオーディエンスのほうが少ないのはなぜだろう。結局、テクノカルチャーといっても、ゲームをやる人たちだって、物語性が好きなのかもしれない。音楽もゲームも、何か変化してないと、すぐ感覚器は飽きてしまう。変化をつくるにはなにがしかのストーリー性があったほうがまとまりやすいからだろうか。ほとんどの人が、物語性に回収されても不快に思わないのはなぜだろう。

## 078　インヴェンティヴ

青写真。音楽だけじゃなく、すべてのものには青写真がある。映画なんて、特にハリウッドなんか、プロットを机の上で何度も書き直して100%見えてからしか、モノづくりが始まらない。建築だって、このへんは曖昧だけど、とにかくやってみよう、なんてことはできない。くだらない歌謡曲も青写真でできあがっている。

ねえ、やってみなきゃわからないじゃない。僕は本当に青写真をつくるのがヘタだ。ゴダールみたいに、とりあえず空が青いからフィルム回してみよう、そこに男がいるから、とりあえず物語を始めようっていうのに、意識して影響を受けようと思ったわけじゃないけど、もともとそういう感覚が好きなのと、随分見てるから影響受けてるんだと思う。

そういう意味で大きいのはドビュッシー。一瞬一瞬が創造的っていうか。インヴェンティヴっていうかね。もちろんゴダールの『中国女』にだって、アウトラインがあるみたいに、ドビュッシーだって青写真的なものはあるけど、かなりプライオリティは低い。むしろ、聴く喜びの連続をただ求める「発明の瞬間」が続いていくだけ。ドビュッシーは作曲している途中、どこに行くのか自分でわかっていなかったと思う。作曲する行為がある種、即興だった。

## 079　逸脱

Q　どこで逸脱の方法を知ったんでしょう?
A　中学でドビュッシー、高校でウォーホル、そしてゴダール。

## 080　コンピュータと音楽

ｓｋｍｔがコンピュータを知ったのは１９７０年、大学１年生のときだった。ちょうどクセナキスの弟子だった高橋悠治が日本に帰ってきた頃でもあった。アメリカにも計算機を使って音楽をやろうという流れが1950年代からあり、ジョン・ケージもコンピュータにより作曲した曲を残している。コンピュータ・サイエンスと音楽をテーマとした研究は、さまざまな大学で課題とされたが、作品としては平凡なものばかりだった。そんな中で、独自にコンピュータを音楽に持ち込んでいたのがクセナキスだった。

僕は、自分を消すためにコンピュータを使いたかった。

自分の中にも身についてしまっている伝統や習慣、ルールや論理を本当に憎んでいたんです。感覚で1音1音をどう変えていくのかではなくて、ある時間内の音の状態をボンと想定して、それを表す式を導きだし、コンピュータに計算してもらう。でも、クセナキスもまだある意味では伝統的な音楽家みたいなところがあって、ある時間内の音の感じを想像してる。ちょっと大袈裟な言い方だけど、クセナキスの場合は、プラトン的に曲のイデーみたいなものを想像していて、それを表すための手段としてコンピュータがある。でも、僕は、イデーなんてなくてもいいじゃないかって思ってる。

全く偶然に、ただ音が鳴る。僕の感覚は、クセナキスよりも、はるかにジョン・ケージに近いと思う。クセナキスは、手段としてコンピュータを使うことに関してはラディカルだったけれど、音楽をつくる構造や哲学は、非常に伝統的なイデアリズムだと思うんだ。主題やイメージを消すという意味では、ジョン・ケージははるかにラディカルだ。ケージへの共感は、自分を消したいという衝動から来るものだ。

## 081 ウルトラQ

今、ゲームをやってる人って20代、30代でしょ。みんな『ウルトラマン』世代なのね。僕らは幸いなことに『ウルトラマン』じゃなくて『ウルトラQ』世代なんです。あれは断片的ですよ。哀しみがある。物語なんてなくて、魚の格好してたり、ただ存在の苦渋に満ちているだけでさ。

『ウルトラマン』以降は完全に「物語」でしょ。みんな『宇宙戦艦ヤマト』とかのアニメ世代だから。だからゲームも物語性が強くって、チープな神話性みたいなのに回収される。ひとつの目的に向かって、突っ走って勝ち抜いていくっていうのはつまんない。やっぱり、ゲームつくってる人もあらためて中上健次だとか、埴谷雄高とか読んだほうがいいよ。

## 082　風邪をひくこと

すごくびっくりしたのが野口晴哉っていう人の考え方でさ、風邪をひくことを、勝手に体が治療行為をしてくれてるって考えるのね。だから、風邪をひいて熱が出たという現象は、病気なんじゃなくて、体に侵入してきたウィルスとかバイ菌をやっつけようとして、人体が熱を発するって考える。あるいは、人体に有害なものを食べたら、吐くとか下痢をするとかして早く出そうとする。それを風邪薬や下痢止めを飲むと、せっかく外に出そうとしているのに、その機能を弱めてしまう。あらゆる物質を自分の中でつくれるのに、薬としてその物質を入れたら、自分でつくる機能が弱まってしまう。風邪をひいたら喜んで、下痢をしたらありがとう。そう思ったほうがいいよ。

これには、目からウロコが5000枚ぐらい落ちた。

何でこんな簡単なことに今まで気がつかなかったんだろう。

## 083　イメージ力

ある時、子どもが自転車の補助輪をはずして練習したいって言うから、「前に行けばいいんだよ」ってイメージさせたら、5分ぐらいでひゅーと乗れるようになっちゃった。自分が1秒後にそこにいるんだというイメージの力があれば、頭で計算したり、筋肉を変に使わなくても自転車に乗れる。それを気のイメージとか、想像力って言ってもいいんだけど、人間はそれでつかんできたものがあるんだと思う。合気道でもそうだけど、「筋肉」じゃない体の使い方がある。人を投げ飛ばすといっても、単に物理的な筋肉の使い方じゃない。本当に、触れただけで、ひょいと投げちゃう。音楽も同じで、次の音はこの強さでって、力学的にコントロールして弾くんじゃなくて、イメージの塊なんだよ。夢も塊。一瞬の塊。一種、ホログラフィックな、堆積された塊としてボンと出る。モーツァルトみたいに、30分ぐらいの時間の塊が一瞬にしてボンとつかめる、すごい能力の人がいたり。僕は、5分とか10分ぐらいかな。

## 084　官能的

ｓｋｍｔにとって、コンピュータをいじって、愛でている時だけが官能的である。夢の中でキーボードを打っていることさえある。

## 085　寝たい時に寝る／起きたい時に起きる

健康志向はない。でも思うのは、人間はある素晴らしい機能をもって生まれてきたものが、社会的なルーティーンやルール、習慣によって曲り、歪んでいる。何時にどこへ行かなくてはいけないとか、体がかわいそうなことばかりだから、なるべく自然の状態に直してあげたいと思う。体は全部知っている。だから、おなかがすいたら食べればいい。1日3度の食事なんて誰が決めたんだろ。

僕は、寝る前になるべく本を読まないようにして、5分でも10分でもいいから、なるべく真空になる。無になって体を休める。そうすれば、睡眠時間も3時間で十分だから。何時だから寝なきゃいけないとかないよ。とにかく寝たい時に寝る。起きたくなったら起きる。

## 086　自分

自分のことは好きだけど、信用はしてない。自分が絶対だとか、世界と対立しようなんて気はさらさらない。信用してない。

僕は放っておくと、「自分だけでいい」ってことになりやすいから、一種の治療行為として、他者の侵入、呼び込もうという気持ちが強い。

## 087　愛

愛、あるいは恋愛は救いなんですよ。それでだいたいの病気は治っちゃう。

## 088　インヴェンティヴ／即興

「インヴェンティヴ」ということと、「即興」ということとはイコールじゃない。「即興」は、実は、学習の結果という部分が大きい。「インヴェンティヴ」って、発明だから、その時に必要な「解」を、構築的なやり方じゃなくて、ポンポンと出していくイメージがあるんです。そのためにはやっぱり「教養」が必要ですよ。しかも、いつも自分を開放し、リラックスできるようにしておかなくてはならない。青写真で武装しないで、毎日ポカンとしてなくてはならない（笑）。膨大なデータベースが体の中にあり、そのつど正解なことがパッと出せる。僕がイメージするインヴェンティヴな音楽というのは、今つくられている音が、その隣り合った、まだない可能性の未来の音に対しても正解であるような「部分」を紡ぎ続けてゆくというイメージなんです。データベースからの検索とか、全体と部分の整合性とかいうのではなくてね。

## 089　ポエム

詩は、その詩が「正しい」か「正しくない」かは見たらわかるでしょ。今の文化って、前提の説明を必要とするけれど、前提をカットしていきなり成立するのが、ポエムだと思う。ドビュッシーがインヴェンティヴネスだっていうのはそこなんです。その時間における、その音楽の流れの時間割りにおける、一番正しい音が出せるというのが詩なんだ。詩的なんだ。だから、本当に「正しい詩」か、「無理やり知識でつくった詩」かは、見ればわかる。瀧口修造も、すべてが面白いわけじゃないけど、全く脈絡なく言葉を並べても、詩がある。ドビュッシーの周りにも、たくさん「もどき」がいたけど、誰も残っていない。残るのは、ポエムになることができた表現だけ。

## 090　ファーブル／朝の読書

『ファーブル昆虫記』を読むｓｋｍｔ。ファーブルは昆虫をつぶさに観察し、そこに奇跡としか言いようのない身体のつくりと、生態系を発見する。だからこそ、ファーブルは聖書も読まず、教会へも行かなかった。目の前で行なわれていることが奇跡的であるということを知る者には、必要のないことなんだと彼は言い、朝、ファーブルを読む。

東京にはちょっとした面白いことはたくさんありますよ。人間は言葉を使うけれど、その言葉を僕はちょっと信用してないところがある。昆虫の行為と違って、人間のつくり出すちょっと面白いことっていうのが積み重なったとしても、すごいことになるっていう気がしないもの。

### 091　埴谷雄高／死体

「暗闇もいいななんて思っちゃった」

作家・埴谷雄高が死んだその追悼としてやっていたインタビュー番組の再放送を見たのだとｓｋｍｔは言う。

それを受けて、埴谷雄高の「お別れする会」へ行った時のことを報告する。新宿のお寺のホールには、写真があって、カーネーションや、少しばかりの花があって、あとは、棺に入った埴谷雄高の死体があるだけだったこと。死後4日経っているから、その白い蠟のような半透明のマスクの顎には、無精髭が伸びていたこと。死体をまじまじと見るのは初めてだったので、埴谷雄高が死んだことより、髭が伸び続けることに驚きを感じた旨を彼に伝える。

だからさ、現在のすごい世界の危機っていうのはさ、人間って、人間を含めた生物のことをさ、物だと思ってるってことでしょ。髭が伸びるんだったら生きてるとも言えるけど、埴谷さんは死んでるわけだし、生きてる人と死んでる人の差って何だろう。人間の身体って、水と窒素とかの物質でできていて、集めても原価が37円ぐらいしかかからないらしいよね。それだけの物質を集めて、ビンに入れていくら振っても、人間や生物になったりすることはない。生物を生物たらしめているものはさ、物の寄せ集めじゃない。生物は物じゃない。この間、クローン羊が出来て、あたかも人間の科学が生物をつくり出したかのように騒いでいるけど、それは、すでに存在してる羊を利用して同じものをつくり出しただけであって、そこに生きるものの魂が吹き込まれているわけではない。

## 092　魂の不具者

フルトベングラーが指揮をすると、普通の音楽家だと見逃してしまうような、つまらなく見えるいくつかの音の並びが、とてもすごいことがわかる。むしろ彼にとってそれが音楽であり、メインだった。構成や論理性を超えた世界ができちゃう。ドレミという音の並びも、デーッて弾くのと、ドタタと弾くのと、論理的には同じでも、音楽的には全く違うものなんですよ。それを本当は音楽と言うんだけどさ。今、ＭＩＤＩとか使ってる、とても技術的には素晴らしい子たちにしても、その音楽の不思議さや、神秘性、つまり音楽性がかなり欠如してると思う。あたかも、生物というのが、物の寄せ集めじゃなくて、なにか「息吹き」のようなもの、気が入っているから物質の塊も生物になっているのと同じように、いかにＭＩＤＩで精緻につくりあげても、フルトベングラーが神のように息を吹きかけた「ドレミ」にはなっていない。魂はもうないんですよ。欠如している。

すべての人間は、魂の不具者なんですよ。

## 093　原始音楽

原始音楽教室を開こうかな。音楽ってさ、叩けば音が出るし、叩き方でも音が変わるし、モノや素材でも千差万別。名づけて、原始音楽。原始主義の、原始的な音楽。叩いたり、こすったり、自分の声でもいいよ。そういう行為性っていうかな。でも、今の音楽って、「打てば響く」ということを体験してない人たちがつくってる音楽なのね。現象から全く切り離された、いってみれば紙の上だけの音楽。座標軸上の音楽がポップスでもなんでもかんでも支配してる。だから、こっちにちょっと呼び戻さないとね。ジョン・ケージが、プリペアード・ピアノを考えて、ピアノの弦に消しゴムとか、鉛筆をはさんだりしたのは、ピアノでバリ島のガムラン音楽を弾きたかったからなんだもんね。

## 094　指揮／ピクチャー

指揮にセオリーはない。一切ない。あんなに不思議な商売はない。指揮者のやることは、いかにピクチャー、絵を与えることが出来るかということ。オーケストラの連中が見ている絵より、大きなピクチャーを見ている指揮者のほうが素晴らしいと思う。ついていこうと思って、活気が出る。カルロス・クライバーがウィーン・フィルでやった時のエピソードがあって、指揮をする手が動いているんだけど、ウィーン・フィルの連中は、どこで音を出していいか全員わからない。「すいません、どこで音出していいかわかりません」「じゃあ、もう一度やりましょう」、そういってクライバーが棒を振るんだけど、また同じなんだって（笑）。何回やっても同じ。凄まじいよね。音を合わせるとか、リズム合わせるとかはオーケストラの仕事、勝手にやりなさいよ、というのがいい指揮者。音楽のピクチャーの分量が多ければ多いほどいい指揮者なんです。だから、クライバーとフルトベングラーは両雄なんですね。

1997年3月19日　東京

新宿のホテルの一室。彼はベッドサイドで椅子に腰掛けリラックスしている。2日前にインタビューしたばかり。でも、今日は記録用のビデオもまわっている。CD－ROMブック『DECODE20』のためのリサーチもこのインタビューは兼ねている。

## 095　フラッシュ・メモリー

僕は通学の時に、電車の中で聞こえる音を全部あげていくという訓練をよくやった。人が話していることはこういうこと。ガタンガタンとか、ミシミシとか、風とか、外でチュンチュン、クラクションが鳴ったり。それを頭の中で箇条書きにしてゆく。音はランドスケープの中に膨大にある。でも、それらの音を、言語に換えて覚えてるんじゃない。もちろん、「石」とかっていうと、どこかにしまわれている「石」にまつわる音の記録が検索されるみたいに、インデックスとしては言語があるんだけどさ。

中学の時に、英語を習いに行っていて、箱の中にいっぱい物が入ってるのね。それをパッと瞬間見て、覚えてるものを英単語で言わなきゃなんないっていう訓練があった。友達は5個ぐらいしか言えなかったけど、僕は20個以上言えた。だから、目で記憶するやつと同じで、とにかく短期記憶なら抜群。フラッシュ・メモリー（笑）。その一瞬は覚えてるけど、10分後にはもう忘れてる。そこから長期記憶に取り込むには、何かもうひとつのイマジネーションが必要なんだろうけどさ。音でもそうで、まるでビデオとかで録る時みたいに記憶ができるんですよ。でも、それはすぐに消えちゃうけどね。

## 096　高橋悠治の手

小学校5年の時だった。母は、青山通りにある草月会館で行なわれた高橋悠治のコンサートにｓｋｍｔを連れて行った。そんな場所に行くのも、高橋悠治という人を聴くのも全く初めてだった。彼は真ん中あたりの席に座って、ずっと高橋悠治がピアノを弾く手ばかり見ていた。コンサートが終わり、高橋悠治のファンになっているのに気がついたけれど、ロビーに出てきた高橋悠治に、ドキドキして、何も言えずに終わった。

## 097　コンピュータ／サイコロ

「でも、実際、自分が作曲したものをコンピュータにやらせるって、どう思いました?」

「当時は、パソコンもなかった時代。アメリカでは60年代ぐらいからコンピュータで作曲した曲が100ぐらいあったけど、まだパンチカード使ってたような段階。だから、コンピュータのかわりは乱数表かサイコロだった」

## 098　治癒行為

男の子たちは皆、黒色のランドセルを背負って通学した。そして、女の子たちは皆、赤いランドセルを背負っていた。彼一人、茶色のランドセルを背負い、ブレザーを着て通学した。母に、「同級生と同じものがいい」と言っても許してはくれない。それを彼は「トラウマ」と言った。だから、中学生になり、制服を着なければならなくなった時、彼はひそかに嬉しさを感じた。その「トラウマ」から逃れるために、彼は人と同じことをすることへ帰るのではなく、「違ってもいいんだ」ということを自分に納得させるように生きた。

彼にとって音楽という行為は、その治癒行為である。

## 099　パパ大好き

アメリカ文化っていうと、やっぱり『パパ大好き』。すごい憧れたもん。家に土足で入るの。それでニューヨーク行ったようなもんだよ。『パパ大好き』の影響は大きいね。パパは絶対に怒んない。怒ったりしないの。

## 100　戦争ごっこ

小学校前半は西部劇ばかり見ていて、5、6年はコンバットとか戦争もの。庭が野原みたいになってたから、一人っ子だった彼は、しょうがなく、アメリカ兵とドイツ兵を両方一人でやって遊ぶ。

## 101　なまけもの／嫌なガキ

子どもの時って、学校で教えないことを知ってるほうがかっこいい。学校の勉強とかは全然好きじゃない。成績？　高校入った時は良かったんだけど、出る時はもう。小学校って宿題出さないとこだったから、学校で勉強したらあとは遊ぶ。その影響がずっと尾をひいて、家で勉強なんかしないよ。勝手に19世紀の後半から20世紀にかけての音楽史を駆け足でチェックしたり、数学とかすすめちゃって。もちろん独学。でも努力して何かを調べるとかしない。なまけもの、嫌なガキだね。

同じ話をする友達なんてどこにもいなかった。

## 102　友達

大学時代にダベっていた「友達」とは、現在ほとんど交流はない。あんなに毎日一緒にいたのに。よく新聞とかで、エライ企業人とかの昔話で、「友達の大切さ」、なんて書いてあるでしょ。あんなの信じられない。高校・大学を通して一番「友達」と言えるのは、高校の現代国語の教師。在学中から「友達」だった。学校の中では一応、先生・生徒のフリをしていたけど。

## 103　ランボーとガロア

18歳になったら音楽をやめたいと思っていました。でも、何ができるのかと思ってたけど。ランボーは16歳であんなすごい詩を書いたし、数学者だったガロアは決闘の前の日に論文を遺書がわりに書いて、次の日に決闘して死んじゃった。そういう生き方に憧れてたな。

### 104　父／本

父は編集者だったが、こういう本を読めとか、そういう話は一切なかった。でも、本棚の本は勝手に持ち出して読んだ。その本のいくつかは、まだ返していない。

### 105　ロック体験

ビートルズ以前のアメリカのポップスには全然興味がなかった。ビートルズに出会ったのは小学校5、6年の頃。バッハやクラシック音楽と全く別のものが存在していることに驚く。中学時代にはサーフィン・サウンドも聴く。高校時代は、ベイエリアのサイケ系とツェッペリンを経て、カンを中心にジャーマン・ロック、プログレ・ロックにはまる。しかし、ディープパープルやクラシックのフレーズをロックの中に使ったりするグループは好きではなかった。

「ロックはギターでなくちゃいけない」と思っていたから、せっかく音楽史の中から逸脱したロックが、クラシックへ戻ったりすることに腹が立った。ギターには憧れたが、「なまけものだった」ので、練習しようと思わなかった。高校の友達とバンドをつくって、めちゃくちゃなジャズとボサノヴァをやったりした。67年、高校1年だった。ジャズは燃え尽きる直前の輝きがあった。彼がドビュッシーと出会ったのは、それより少し前だった。彼は、気持ち的にはロックに共感しつつも、そこは自分の場所じゃないと思った。70年代頭くらいまで、新宿の街でも、本当に自由と解放と愛を唱えて、裸足で歩き、髪を伸ばしていたのに、70年代に入ると、東京でもロンドンでも、すべては「ファッション」になった。ロックとヒッピーイズム、ヒッピーカルチャーは絶対にくっついているものでなければならなかった。しかし、グラム、それは商業主義でしかなかった。彼はグラム・ロックに、すごく反感を抱いた。

ジャーマン・ロックで彼の中のロックは終わっている。

## 106 ピアノ

ピアノの持っているシステムがわかったっていうか、同化できるようになったのは10歳とか11歳じゃないかな。自分の延長みたいなもんだから、そこに他者性はない。理解というより、身体が動いてしまう。

子どもの頃、学校から家に帰って、一人でピアノを弾いていたら、出かけていた母が戻ってきて、それを聴いて、「何弾いてるの?」って言う。「別に曲じゃないよ。ただ弾いてるだけだよ」って言ったら、とてもびっくりされたことがある。

ピアノはもう何か挑戦すべき道具ではなくて、何も考えず一体化できるものになった。

## 107　就職しない

就職したくないというのは、小学生くらいからずっと思ってた。大学4年になった時、みんな就職のことを考えるでしょ。74年に学部卒業、77年に大学院卒業。とにかく就職したくないし、学生身分でいたいから、家に頼んで大学院に行かせてもらった。でも、一応入ったけど、教官に顔を合わしたのって、1週間もないと思う。
76、77、78年の3年間は、スタジオ・ミュージシャンで忙しかった。スタジオ・ミュージシャンっていうのは、時間給にしたらものすごくいいお金が入ってくる。一種の肉体労働者的な、日雇いの仕事のように思ってましたね。本当に2、3年間休みもなく、1日に12時間以上やっていたけど、お金以外何も残らなかった。あえて言えば、機械のように演奏するということ。それはＹＭＯの初期につながっている。

夜の12時までスタジオ仕事をやった後、今度は自分のためにスタジオに入って『千のナイフ』をつくった。スタジオ・ミュージシャンというのは、名刺のない世界、つまり誰かである必要はないわけ。でもソロアルバムをつくると、自分を社会へ表明することになる。するとピタッと仕事が止まってしまう。僕は演奏家だったけど、音楽をつくったりアレンジの仕事もしてたから、自分のアルバムをつくる時は本当は全部「打ち込み」でやりたかった。コンピュータでやればいい。打ち込みが出てきて、つぶれちゃったスタジオ・ミュージシャンに、全然共感はない。

## 108　ベルトルッチ監督の言葉

『ラストエンペラー』の映画音楽を作曲する時、ベルトルッチは何度もこう言った。

「コンピュータを持ち込んで作曲するな」


そう言われた彼は、その言葉にすごく違和感を感じた。機械一式をロンドンに運びデモンストレイションをした。スタジオを用意し、ベルトルッチを呼んだ。音を聴いてベルトルッチは言った。

「ノイズがないじゃないか」と。音と音の間にピアノをたたくノイズや、椅子のきしみがないじゃないかと言った。その時、彼は、そこまで言うのなら、ノイズをサンプリングしましょうかとまで言った。打ち込みを使わないというテーマは、のちにトリオをやるきっかけになる。

### 109　イメージの混血性

ある種の混血性が生命力、あるいは美しさのルーツである。

### 110　ホテルの部屋で

その日彼がホテルで聴いていたCDは武満徹の『翼――ウイングス』。「旅行に行く時に持っていくのはこのへんかな。マイルス・デイビス、これはハーモニーと音色……スライ&ザ・ファミリー・ストーンも入ってるよ。僕のビートの原点」。そう言って、CDのファイルを取り出して見せる。

**日記から（1997年3月25日　バルバドス）**

6時半に家を出て、8時25分のAAのFlightでBarbadosに着く。Barbadosは暑い。

こぎれいなhotel。NYのmsnにdial upしてmailを送受信。前日から風邪をひいているので、ずっと帽子をかぶり、マフラーをしている。急激な気候の変化に心と体の準備が出来ていない。大量に汗が出る。後頭部を暖める。夜中、目が覚め風邪が軽化していることを確認する。

**日記から（1997年3月26日　バルバドス）**

嘘のように元気。Jet SkiやMotorboatに乗る。プールで泳ぐ。波乗り。鳥が部屋まで入ってくる。日焼けで体が痛い。

**1997年6月19日東京**

午後、代官山にあるKabのオフィスで。ｓｋｍｔは久しぶりに東京に長くいる。それは、父が急性の病気で入院してしまったことによる。微熱が続いていたところ、一晩のうちに免疫が失効して、自分の白血球を攻撃する抗体ができてしまった。肺がやられ、呼吸困難となり、全体的にやられてしまったのだという。彼は、父の病気の話をし、そして、病院の様子を撮影した写真を、デジタル・カメラで見せながら喋る。

## 111　自己免疫力／自己治癒力

僕たちの身体の中には、ウィルスやバクテリア、細菌がいっぱいいて、バランスをとっているわけでしょ。それが、相対的に体力が低下すると、発病することになる。だから、本当は、自己免疫力、自己治癒力を日常的に高めるのが一番いいんだけどね。熊やライオンたちは病気になると、何も食べなくなる。人間の場合も断食療法っていうのがあるけど、結局それは、動物がやっていることなんですよ。おしっこを飲む健康法っていうのがあるでしょ。それを実際に研究してる人に聞くと、おしっこの中には、身体からの老廃物が入っているんだけど、そこに免疫システムに情報が入ってるってね。

僕が最近、整体をやってるのも、自己免疫力を高めたいから。

## 112　ヒーリングのための音楽

彼は初めて、父のために、ヒーリングの音楽をつくった。スタジオで打ち込みでつくった。透析をする3時間ほどの間、父がずっと一人で聴くための音楽を。父は、その音楽を聴いて、「きれいな音だ」と言った。

音楽療法自体には、10代の頃、芸大とかで多少の興味を持って、授業を受けたりしてた。でも、そういうことをやっている人って、多分に音のセンスが悪い。だめなんです。ダサくなくするには、知的な操作を音楽に加えていかなくちゃいけないでしょ。普段やっていることだけど、ドミソじゃ恥ずかしいからドミラシにしようと考えたり。でも、そうすると、音楽を聴いた時、作曲した人の知的操作が聴こえてくるんです。「癒し」の効果が下がってしまうんだよね。例えば、ひらがなだけで詩を書けって言われたら難しいでしょう。論文を書くほうが、小学1年生にでもわかる言葉で書けって言われるよりも簡単だったりする。だから、分析しなくては聴けないような音楽は避ける。そういう観点で言えば、ドビュッシーでさえ知的すぎます。ものすごいのはモーツァルトですね。

いろんな習慣にしばられた思考の習慣を排除すること。そのためには、肩の力を落とし、身体全体をリラックスさせ、深呼吸できるようにすること。彼はそれをイメージして音楽をつくる。

抽象的に救済とか言うんじゃなくて、具体的に自分にできることとして、音楽で癒すものがつくれるかもしれない。そのための初めての試みなんだけど、つくってるとわかるんですよ。こういう音を使ったらアルファ波は止まっちゃう。〝これじゃいかん〟ってわかるんです。単に快い、緊張をなくした状態を持続させるのって、一種のウラの緊張っていう状態が必要なんです。純粋っていうか、シンプルに近いんだけど、それがつまらないんだよ（笑）。人間レベルの知性の満足にとどまらない、本当に天使がつくったような音楽をね……。

## 113　病気の人は……

時間にルーティンとか、制約があると、その時の身体の欲求にフタをして、ちょっと今日はお腹が痛いけど何時に行かなくちゃって、生理の欲求を押さえ込むでしょ。

でも、病気の人って、自分の身体のメッセージに敏感な状態で生きているから、「色」とか「何を聴く」とか、「どこへ行く」とか、常人よりも反応しやすい状態になってるし、身体に強く影響してしまうから。

## 114 野蛮へ

シャワーを浴びても、石鹼で体を洗わないようにすること。石油で作った石鹼を使うと、皮膚の力が弱り、こわれてしまう。整体、ヨガ、気功や呼吸法によって免疫力を高めること。菌を殺しても限界がある。食事は1日3回とらなくちゃいけないとか、睡眠時間は8時間とらなくちゃいけないといった、産業革命以降に捏造された、都市生活のルーティンへのこだわりを捨てること。聖なる場所がどこであるとか、風水の力や技術を失ってしまった。鈍化した感覚を、もう一度野蛮になって動かすこと。生命の基本は、取り入れて、そして出す。つまり、食べること、息を吸うこと、そしておおいに笑い、喜び、悲しんで涙を流すこと。

## 115 敏感／鈍感

敏感な人が今の社会で生きるためには、鈍感にならなくちゃいけない。風邪をひかない身体になっちゃったりする。そうしないと自分を守れないから。でも、当然、身体の変化や歪みに対して鈍感になっていくから、リバウンドがくる。敏感であると、社会とそりがあわないから生き方を変えなくちゃならなくなる。会社を辞める。学校なんか行かなくていい。変えちゃえばいいんだから。

## 116 史記を読むこと

今の目標。中国の『史記』を読み、それが終わったら、JAVAの勉強をすること。『史記』は、聖書と同じように、たくさんの書物の集まりのようなものだ。人間の悲喜劇、欲望、成功、知恵、戦略。日常そして権力闘争。人のすばらしさ、そして愚かさを見ること。

**日記から(1997年7月5日　ロンドン)**

今日は6時に起きる。しかしイギリス時間に体があってきたところで、もう日本に帰らなければならない。父に電話。24時間の酸素吸入がとれた。肺が少し復活してきたということか。10時半にピックアップ。11時からZazouとリハーサル。2時からラン・スルー。『untitled 01』を弦楽四重奏、フルート、ホルンとピアノにアレンジし直したものをやる。7時半から本番。マイケル・ナイマンが僕とやりたかったと言って不平を述べる。フィリップ・グラスと挨拶する。僕の音楽はよく知っているそうだ。NYで再会を約束する。驚いたことに、あのラシュディが朗読した。すごくインテレクチュアルでしかもファニーだ。ボブ・ウィルソンと挨拶。10時半「メルトダウン」のガラ・コンサートが終了した。すごい夜だった。パーティでエバートン、MO WAXのDJ、ピーター・ガブリエルと会う。

**日記から（1997年9月14日　ロンドン）**

10時に起きる。半身浴をゆっくりする。12時すぎ、チェックアウトする。Baywaterの新しいホテル、The Hempelを見に行く。すごい！　完璧なミニマルのインスタレーションのようなホテル！　道の向かいの庭、長期滞在用のアパートも見える。4時前出発。LHR。6時離陸。隣に日本人の男性。口をきかない。少し寝る。眠たい。『人生ゲーム入門』を読む。1時すぎ、ランディング。夜になっても不思議とあまり眠たくない。そうか、時差だ！

**日記から（1997年11月20日　ニューヨーク）**

完全なる風景？
労働
女性
ジェンダー
男性の暴力・女性の暴力
男性の男性に対する暴力
男性の女性に対する暴力
女性の女性に対する暴力
女性の男性に対する暴力
ジェンダーのジェンダーに対する暴力
ゲイムーブメント
昨日から今日にかけて、M31までのラフミックスをつくりLondonに送る。今日は

M33までやる。久しぶりに本村庵に行く。ゴダールの『Numéro deux』を見る。

## 1997年12月24日　東京

恵比寿ガーデンホールの楽屋にて。この数日、ガーデンホールで、ヴィジュアル・アーティスト岩井俊雄とのコラボレイション・イベントを行なっている。そのリハーサルが始まる前にインタビューをする。

## 117　希望

１９９９年に上演するオペラのために、ｓｋｍｔは村上龍とのメールのやり取りをひんぱんに行なっている。まだ輪郭が見えてきたに過ぎない。古典を下敷きにすることは、しっくりいかなかった。多言語のオペラにしたいという最初のアイディアにもまだこだわりがある。共通のテーマをもとに、別々の原作者にストーリーを発注し、コラージュ風につくるというアイディアもある。彼は試行錯誤の中にいる。

隠しテーマというか、言いたいことは〝共生〟。だけどそのテーマがはっきり出てきちゃうといやらしいね。〝共生〟って〝希望〟っていう、もっとよくしたいポジティブな世界の捉え方でしょ。でも、ポジティブなことって、オペラに限らず小説でも何でもそうだけれど表現になりにくい。ほとんどは悲劇なわけ。だから、古典を下敷きにしようにもほとんどない。60年代とかであれば、まだ社会に対して〝希望〟があったから、政治活動もありえたけれど、今や、もちろんそこに希望はないし。どこにも希望がないという、どん底な状態に落ち込んでるからこそ、理念、理想が必要なわけでさ。だから、理念といっても、昔のイデオロギーみたいにね、〝こうじゃなきゃいけない〟みたいなことは、理念にも理想にもならない。まあ、素人ながら、遺伝とか進化とかちょっと勉強して思うのは、人間がごちゃごちゃ言う前に、自然はこうなってる、事実はこうなってるんだとか、そういうことがむしろ〝希望〟になるような気がするんだ。

## 118　DNA

例えばDNAの、自分のアイデンティティ探し。DNAの塩基の中に、ジャンクと呼ばれる不可解な、遺伝に直接参加しない情報が95%もある。そこには、例えば、人間に至る以前の過去の生物の情報から、まだ発現していない未来の我々の仲間の情報までが眠っているのかもしれない。そのDNAを冒険譚として考えること。そのコラージュ。ストーリーを人間が演じる劇である必要もない。

## 119　音響的に複雑に、音楽的にミニマルに

今までテクノとかヒップホップ聴いてた子たちが平気でシュトックハウゼンもクセナキスも「かっこいい」と言って聴けるような感じに、やっとなってきた気がする。ちょうど18歳の頃、僕がそうだったようにね。芸術っていう呪縛からも、ポップスという呪縛からもまぬがれて自由に出来るようになってきた感じがする。90年代の音楽って、もう解体されきってて、ほとんど何もないゼロの状態に近くて、すごくつまんなかったんだけど、ここにきて、テクノを超えて、またちょっと違う方向に向かって

るね、特に、音響系とか。『untitled 01』のニンジャ・チューンからでたリミックス盤もそうなんだけど、クラシック的な音楽がコラージュされて、その複雑なノイズの上に乗せるメロディはポップソングでも何でもよくて。

今、求められてる音って、音響的には結構複雑で、でも音楽的にはミニマルっていうかな。それが楽しい。

## 120　メッセージ？

今、音楽を通してメッセージを伝えるということに関心はあまりない。音による共生状態をつくり出すこと。

## 121　リセット／リスタート

21世紀の最初の半分、50年ぐらいは、20世紀のツケを払うことになるだろう。どこからかやり直しをしないといけないだろう。産業の歯車はまわり、そのもとで、空気も水も人間の生活も決定されてきたから、やり直しはきかないとずっと言われていたけれど、ついにリセット、リスタートを考える時がやってきた気がする。

## 122　アトピー

化学物質が引き起こしているいろんな障害の意味は、体が嫌だっていう反応でしょ。アトピーはその典型だけど、精子が半減してるっていうのも、生体がこの環境じゃ生きたくないってメッセージを出しているってことだよね。裏を返せば、理性へ敏感に不適合の反応を示しているわけで、〝生きたい〟〝生き残りたい〟ということを言ってるんだと思う。

## 123　ローラーブレード

平衡生理学って知ってる？　〝なぜ人間は立てるか？〟ってところから始まるの。めまいの研究。めまいって立てないってことだからね。平衡をとる力って練習をすると高まるんだよ。小学校でタイヤを半分埋め込んで飛び歩いたりするの、あるでしょ。それがある学校とない学校じゃ、病気にかかる率が驚くほど違うっていう研究もある。ローラーブレードを始めたんだよ。

## 124　選択

自然食品とか整体。70年代ぐらいに学生運動の潮がひいた時、それは一種の「逃げ」だと思って、反感持ってたけど、それって、かなりいい選択だったんだってことを今知った。もうちょっと早く気がついていればよかったな（笑）。やっぱり人間ってさ、生きるか死ぬかってところに追い込まれないと選択しないから。そういう意味で、ぎりぎりのところで気がついた感じがする。

## 125　カウンターテナー

この間初めてカウンターテナーのスラヴァを聴いた。僕、遅いからさ。感動しちゃった。あれを普通のOLとか、おばあちゃんも気に入ってることも、すごいと思うし。クールで、ニュートラルで、ミニマルでさ、なんかバイオテクノロジーでつくった人じゃないって思わせるところがさ……。

## 1998年7月2日　東京

### 126　モンゴル

モンゴルへ行く。ジェット機でウランバートルから、ロシア国境の町ムルンへ。そこからはロシア製のジープで、草原の中を4時間ぐらい走る。バヤンズルフ村でゲルに泊まり、副村長と一緒にまたジープに揺られ、1時間ほど行った場所に、そのシャーマンはいた。モンゴルでは、家畜とともに草原を移動して生活するから、人は一カ所にずっと住むことはない。

村は僕たちがイメージする村ではない。一応、国家の形態をとるために、行政上、村と呼んでいるだけで、途方もなく広い草原がただ広がっているだけ。「モンゴルで一番」と言われるそのシャーマンは85歳の老婆だが、彼女のゲルには、電気も、もちろん電話もないから、話を聞きたければ、「そこまで」会いに行かなくてはならない。

この村に日本人が入るのは初めてだった。村で一番踊りのうまい子どもが踊り、生きた山羊をもてなしのために殺し、遠来の客人が宿泊するための特設のゲルが建てられていた。

シャーマンの老婆は、古代モンゴル語のような特別な言葉しか喋れなかったから、まずその娘が乳飲み子にお乳をやりながらモンゴル語に通訳し、続いてモンゴル人の通訳が日本語に通訳した。

村人たちは何か困ったことが生じるとシャーマンのところへ行き、御託宣をあおぐ。彼女は歌をうたい、太鼓を叩きながら、憑依によって神の言葉をはく。病気の相談、家畜がいなくなったんだけれど、どこにいるんでしょうという相談。ｓｋｍｔが彼女にした質問はたった一問。

「この世界は滅亡するんでしょうか？」ということ。

最初頼んでみたら、シャーマンのおばあさんは、とにかく貢ぎ物を渡してないから神様が怒っているとか言うわけ。貢ぎ物といっても指定があって、キャンディとお金とオートバイ用のオイルとかね。僕たちと一緒に行ってるモンゴルの人も、その「しきたり」がわからないから、もめちゃってさ、キャンディの上にお金のっけて渡して、じゃあもういいやとか思って帰ろうとしたら、御託宣があった。「この世界はいつまでもずっと続いていくのか。あるいは、もうすぐ滅亡するんでしょうか」って聞いたんです。そしたら、答えは2年後にモンゴルの大統領が変わるということだった。はっきり名前を言い、その男は背の低い、顔の広い男なのだというわけ。でも、そんな名前の政治家なんて、今現在はいない。世界は滅亡するのかはわからなくて、シャーマンの御託宣はそれだけだった。まあそこにはいろんなことを考えさせられる意味があって、そのおばあさんにとっては、世界というのは草原であり、モンゴルであると。地球なんていう「あやふやな意識」はないということでしょ。「世界は滅亡しますか?」って問うことはおかしくはないし、我々にとっては切実なんだけど、「世界」とか「地球環境」という考え自体が、ある限られた意識の上に成り立っているものだから、そのシャーマンにとっての「世界」とは違うわけですよね。その時思ったのは、我々が喋っている、「世界」とか「地球環境」という語彙自体、非常に閉じられたものであると、すごくよくわかったということなんです。「世界が滅亡する」なんて、普遍的な問いのように聞こえるじゃないですか。でもそれはシャーマンのおばあさんにとっては、少しも普遍的ではないんです。

## 127　皇帝の墓碑

モンゴルの南には、漢族の支配する中国が広がる。そこは、ヒエやアワが放っておいても収穫できる土地。そして、モンゴルの北のバイカル湖の向こうのシベリアは、微生物と植物の循環に満ちた肥沃な土地が広がっている。しかし、その間の空間は、ほとんど緑のない砂漠。つくり始めている「オペラ」の構想を練るために、ここにやってきた。

彼は、かつてこの草原を支配し、巨大な遊牧帝国を築いた皇帝の墓碑を読む。そこにはこう刻まれている。

未来永劫において、草原は掘り返すな。草原を掘り返すのは、野蛮な漢族のやることである、と。

掘り返しても駄目なんですよ。掘り返したら、草は死んじゃう。10センチに満たないぐらいの草が生えているところを掘り返したら、草は死ぬし、羊も死ぬし、人間も死ぬし、すぐに砂漠化してしまう。ぎりぎりの均衡ですべてが成り立っているんです。

## 128　ゲルの夜

星を見ました。

刺さるような星。

夏の季節は夜12時近くまで薄明るいし、朝も5時くらいから、もう明るくなる。

だから、真っ暗な夜はすごく限られている。

ゲルに泊まった夜中、外に出てみる。

あんなにたくさんの星。刺さりそうな星空でしたね。

## 129　砂漠飛行

小型のジェット飛行機は、高度を6000メートルに上げた。窓の外には、地平線まで全く緑のない砂漠が広がっていた。ｓｋｍｔは砂漠をデジタル・カメラで記録する。時速400キロで1時間飛んでも風景は変わらない。緑のない地上にゲルの集落があらわれても、次の集落まで100キロぐらい、また何もあらわれない。おそらく馬で行っても5時間はかかるだろう。寺院都市、カラコルムが見える。砂漠のど真ん中、周りは全部砂漠だ。どうやって生活しているんだろう？　そう考える。

3時間ぐらいゴビの上を砂漠飛行する。やがて、彼は自分の目が緑にものすごく敏感になっているのに気づく。自分の中にある生きる本能が、風景の中に懸命に緑を探させているのに気づく。緑という色があるということは、草があり、草があるということは、その下には水がある。本能が目覚める。目は砂漠の表面にある、水の通った痕跡、点在する緑を追い続けている。

## 130　日々の捧げ物

美しい朝、副村長は、どうしてもと言い、その風景の場所に連れて行った。川が流れ、その場所は、さまざまな伝説が語られつづける聖なる場所でもあった。副村長は、指をウォッカに浸し、精霊にまず酒を捧げ、身を清めてから乾杯をした。その行為は日々の、些細で特別声高に意味を言うものではない。しかし、実は世界や、あるいは、日々を生きながらえることと結びついている。

「共生」や「環境」と言わないかわりの、日々の捧げ物である。

## 131　ジンギスカン／文学

なぜこんな貧しい土地から、何千年に一人だけ、ジンギスカンが出てきて、大帝国をつくりえたのか。あれはやっぱりね、変な話だけど、「文学的なもの」だと思うな。ロマンっていうかさ。まず、彼らには、本来的に、国家という観念はないんですよ。日本だって江戸時代以前は、「日本」っていうまとまりで自分の国のことを考えるなんて誰もしていなかった。そこに黒船が外からやってきて初めて「日本」っていう観念があらわれてくる。だから、国家とか民族とかっていう観念は、全部「文学的」なものなんですよね。ジンギスカンは、「文学」を喚起した。それによって初めてまとまりが出来た。そうじゃなきゃ、他民族への侵略なんて起きてこないんですよ。政治っていうのは文学だから、へんな話、紙切れ一枚で民族が動いたり、戦争が起こったりするわけです。だから、逆に言えば、いい政治家は、みんな文学者なんですね。ジンギスカンが喚起した「文学」は多分、彼の死後、三代ぐらいまでは残っていたんでしょう。でもやっぱり、そうやって出来た「国」を維持するためには「経済」が必要になります。そうは言っても、「砂漠」ですからね、すごく無理しなきゃできない。

三代ぐらいまでは、何となくこの帝国も生きながらえてたんだけど、ついには砂漠の中に離散しちゃうんです。

## 132 貧しさの平衡

モンゴルはね、たまたま土地が貧しくて、メモリーの少ないコンピュータみたいな状態で、ぎりぎりの共生をしているんだけど、実は、地球全体もモンゴルみたいなもんで、そんなにメモリーはいっぱいないんだよね。日本語で「共生」っていうと、わりと豊かな響きがあるけど、でも、そういう印象に限らないんだよ。「共生」の「一般モデル」として一番わかりやすいのは、「宇宙基地モデル」。この閉じられた空間の中で、人口調整、資源の蓄えと循環、循環のコントロールをすごく綿密にやらないと、ちょっとしたことも、全部に影響をおよぼしてしまう。でも、これってちょっと考えてみたら、地球そのものなんだよね。地球は太陽エネルギーが唯一外からのエネルギーで、あとは全部閉じている。地球のサイズが大きいので、貧しいところも豊かなところもあるから、わりといい加減にとらえているけれど、それこそ宇宙船地球号なんですよ。でも、現在のように、資源とポピュレーションの関係が逼迫《ひっぱく》してくると、地球は宇宙基地モデルにどんどん近づいてくる。そうすると人口調整のためにさまざまな現象が起こる。例えば、戦争もそうだし、今騒ぎになっている「環境ホルモン」もそうです。自分たちの人口が増え過ぎたのを「人類」は知ってしまっているから、自分で自分を殺しているんだよ。

生態系の平衡状態というのは、それぞれが貧しいところで生存の仕方を選ぶところに落ち着く。日本は「過」だから、揺らぎが大き過ぎて、なかなかその「平衡状態」にならない。「共生」というのは生態の均衡というものの、光と影の部分って感じがすごくする。「共生」というのはね、考えれば考えるほど、決して明るくないんですよ。ユートピアとは、非常に厳しい場所なんです。

## 133 輪廻

草原の上には、そこいら中に動物の骨が散らばっていた。そればかりではない。草原はフンだらけなのだ。

死なんて、排泄みたいなもの。フンと同じ。循環、再生だから。輪廻の思想が出てくるのは当り前だよね。

## 134　羊の骨のダイス

死は身近にある。それも、すごく近くに。
彼がモンゴルで唯一買ったものは、子どものためのオモチャ。
羊の骨のオモチャ。
それは、サイコロみたいな形をしていて四面の形が全部違っている。
その各面の名前は、羊、山羊、牛、ラクダ。
子どもたちは、その骨のダイスを振って遊んでいる。

## 135　ホーミー／長唄

ホーミー。あれはね、牧童たちが動物や人を呼び寄せる声なんだって。草原でよく響く声です。メロディと倍音。あれは、決して風なんかでは消されないよ。家畜たちが草を食べながら広がっていった時、ホーミーの歌で呼び寄せるらしい。ウランバートルのレストランに中央歌舞団の優れたミュージシャンが来てくれて、ホーミーや長唄を聴かせてくれた。長唄も、ものすごい倍音で、すごくホーミー的なんです。とても高くて、きりきりした声で。

面白いことに、その長唄の歌い方というのは、同じ曲でも草原地帯と、ロシア国境に近い森林地帯では違っているらしい。

草原の長唄、森林の長唄。

## 136　TVと道

TVは神話製造機。ジンギスカンが文学をつくって勝負したように、TVは神話をつくる。なぜアメリカでTVが発達したか。それは、アメリカという広大な土地に、いろいろな民族が住んでいて、「アメリカという意識」がなかったから。キリスト教と並んで、TVは人々の中に「共通の神話」をつくり出す。だから、大統領はすぐTVで演説する。

草原や砂漠には、舗装された道はない。道をつくるな、TVを見るなということを、もしジンギスカンが生きていたら言っただろう。物と情報が増えるということは、神話が増えるということだ。道ができ、観光客が来て、貨幣経済になって、すべてを終わらせてしまうだろう。

## 137　地球上の場所で……

Q「最近、行ってみたいと思っている場所は？」

A「アフリカのピグミーの森へ（内戦中なので、難しいけれど）。そして、アメリカのバハカリフォルニア（そこに微生物の巨大な共生場がある。そこに黄色、ブルー、緑、紫が入り混じった、さまざまな微生物が層を成し、極彩色の曼陀羅をつくりだしている）」

**日記から（1998年8月8日　東京）**

Safety is no accident.

**1998年9月2日　東京**

都内。彼が新しくつくった仕事場にいる。まだ、引っ越したばかりで、持ち込まれたピアノの周りにコンピュータ、楽器のコードがところせましとあふれている。

ピアノの上や、椅子の横に置かれたバスケットの中には「炭」の棒がいくつも入れられ、壁には雑誌から切り取られたファッション・フォトや、銀色のパッケージが無造作に貼り付けられている。彼は椅子に腰掛け、ラップトップを膝の上に乗せ、ひたすら思いついたことをインプットし続けている。

## 138　オペラ的なるもの

オペラが何なのかということはさておき、オペラというものへの関心は、自分の中でもかなり前からあった。10年ほど前に、浅田彰君とオペラの話を随分したり、イタリアへ行って友人に会った時に、「オペラをつくろうと思って、原作は何にすべきか考えてるんだ」と言った記憶があります。

その当時、僕の頭の中にあったのは、三島由紀夫や中上健次の作品であったように思う。もっとさかのぼれば、中上健次の小説『千年の愉楽』を音楽化しようと考えた時も、「オペラ的な」というのがキーワードだった。

僕にとって「オペラ」というのは、イコール、ワーグナーの一番最後のオペラである『パルジファル』です。もちろん『フィガロの結婚』や『マダム・バタフライ』など、他の人も知っている作品の片鱗は知っていますが、今までオペラをほとんど見たことがないんです。

さっき「オペラ的」と言いましたが、僕にとっての「オペラ的」なるもののバックグラウンドには、60年代の現代音楽の流れの中で大きな位置を占めていた「シアターピース」と呼ばれる、シアトリカルな音楽作品があります。例えば、フィリップ・グラスの作曲した『アインシュタイン・オン・ザ・ビーチ』とか、音楽以外の要素として、人が動いたり、演奏者が動いたり、その動きの総合としての音楽作品です。

以前やったfの音楽（『untitled 01』）にしても、僕が普段やっているコンサートにしても、映像や言葉の要素は必ず入っています。その場合は、4分から5分の曲のために映像や言葉を使うに過ぎません。

僕にとっての「オペラ」的なるもののイメージのもとには、シアターピースとしての「オペラ」がある。

## 139　20世紀の総括／共生

『f』の時のテーマでもあったけど、アフリカだけでなく、現在も世界中に争いは絶えない。振り返ると、20世紀というのは、「戦争と殺戮」の世紀であり、そのためのテクノロジーがどんどん発達した時代だった。抽象的だけど、そのことに対してどう21世紀が解決していくのか、ということを最近よく考えるよ。

考えていくうちに浮かび上がってきたのが「共生」というキーワード。「共生」という言葉を調べていくと、実に幅広い意味を持っているのがわかる。よく言われるように、異なる民族同士が社会的に共に共存してゆくということでもあるし、あるいは地球や環境や大気と人間が生存していくこと、あるいは、地球に暮らしている他の生物と共生していくとか、非常に広い意味を持っている。「共生」というとソフトな印象を持つけれど、考えていくと、決してその意味はバラ色というわけではない。根本的な問題にぶちあたらざるを得ないし。

それは、「生物とは何か?」あるいは「進化とは何か?」というテーマとつながる。僕は、人間という種は、生物界の中で登場した「奇形な存在」だとずっと思っていたし。サルからヒトへ変わって以降、どんどんおかしな方向に進化し、そしてついには自分の暮らしている環境さえも破壊しかねないような存在になってしまった。そのことによってヒトは、自らの種を殺すことになるわけだけど、同時に自分たちの種だけではなくて、多くの種を巻き添えにしていく。そんな、おかしな生物だという直感がもともとずっと自分の中にあるんだよ。

## 140　微生物のおしえ

「共生」、そして「生物とは何か」ということに関心を寄せていくと、「この地球という惑星上に生物がどうやって誕生したのか」、あるいは、「生命の誕生以降どういう進化をたどってきたのか」ということを考えるようになった。考えてみると、地球上の生物進化の4分の3ぐらいは、実は微生物の歴史だしね。

「微生物」という言葉は、科学用語ではなくて、単に「顕微鏡で見られる生物」という意味。マイクロオルガニスムスと言ったり、細菌という意味でバクテリア、マイクロープスという言い方もあるよね。

生命は40億年前に誕生したと言われていますが、我々がよく知っているような、いわゆる生物、昆虫や爬虫類が登場してくるのは、5億年前。つまり、生命進化の時間の中で、8分の7の時間の間は、ずっと微生物なんだよ。

今でも、微生物というのは、地球上にものすごい量の種類がいるし、その進化速度も非常に速い。繁殖力もきわめて強い。だから突然変異が生じる確率もとても高くなる。大腸菌なんか見るとわかるけど、変異するスピードも速いし、どんどん変わっていく。

「ガイア仮説」のジェームズ・ラブロックが言うように、微生物は環境自体も変えている。環境と生物は何にも関係していないんだという考え方がまだ人々の間で支配的なんだけど、ラブロックはきわめて革命的で、地球には、いかに微生物を中心とした「調整機能」が働いているかを明らかにしている。大気や地質のコントロールという点において、地球を他の惑星と異なるものとしているんだよ。

今、ホモサピエンスは、自ら環境を破壊して絶滅に向かっているけど、進化の時間、あるいは、微生物的な進化から見れば、人類はほんの一瞬の出来事でしかない。人類が絶滅しても、微生物たちは、少なくとも何十億年は生き残っていくだろうし、太陽が爆発したとしても、どこかの惑星に飛んでいって、生命はつながってゆく希望というものがある。

微生物の力を知るようになって、いろんな角度から「現在」を見ることができるようになったんだよ。一般の環境破壊を憂いている環境保護者たちは、まだ狭い意味での人類という視点からしか見ていない。自分たちが危ういから守ろうという発想でしかないんだね。

進化ということからすれば、この地球の進化の立役者たちは、微生物であって、彼らは、今も進化してる。

一方、複雑な生体になればなるほど進化は止まってしまう。人間なんてDNAの交換ができる一人前の成人になるのに20年近くかかるけれど、バクテリアなんか簡単にDNAの交換をやってのける。ほんの数分でデータの入れ換えをやってのけちゃうからさ。

## 141　断片

ダンテ、リン・マーギュリス、ゲーテ、シュレディンガー、オッペンハイマー、ラブロック、フリーマン・ダイソン、ダライ・ラマ、ジョン・C・リリー……。

チルドレンズ・コワイア

シアトリカルと言っても映像。動きも映像でできないか。

20世紀に登場した音楽を全部使って21世紀へつながるようなものをつくること。

パートによってオーケストラであり、DJであったりカルテットであったり。ハードディスクやテープの場合もある。

ひとつのミレニアムの終わりということと、20世紀の音を総括すること。そのことをどう考えるのか。

石で叩いたり、木で叩いたり。原始音楽。年齢を問わず。ワークショップ。

音楽の力。

耳が中心にあるということ。

少年たちの合唱。

ピアノ／メタリックの檻の中のピアノ……ピアノで戦争もし、救済もするということ。

磁力……陰と陽……食べること（代謝）……物質の交換……サクラザワジョウイチ……。

人間は、死ぬと腐る。腐るということ自体、そこに微生物が働いている。土壌にかえり、また栄養となること。輪廻は空想なんかじゃない。事実としてそこにある。

これはきっとうちのおじいさんの影響なんだと思う。おじいさんは道元を信じていて、93歳で死んだ。彼は、地球に生命が誕生してから、一回も途切れたことがないんだと、死ぬ間際にそう言った。そのことを事実として思いますね。

代謝が救いでしょう。

最後には百姓か、炭焼きになりたい。両方、やるか。

彼はラップトップの画面に、今まで撮影したデジタル・カメラの映像を次々に映し出して見せてくれる。tomato のメンバーと知り合ったから、素材として送るのだと言う。

「でも、まだ、直接会ったことはないんだけどね」

アブストラクトな映像。ニューヨークで、ヨーロッパで、東京で、そして中国で。ツアー先や、ロケ先や、なにげない日常の瞬間。でも、それは、ある記録というより、「偶景」。意味を求め、撮るものを探しているのではなく、撮ったものから立ち上がってくるポエジーを感じたいための映像。

リン・マーギュリスの生物の本のページをめくりながら喋り続けていると、知らない間に、次のアルバムのテーマが水であるということにたどりついている。

## 1998年8月28日　東京

### 142　ロバート・ウィルソン／ミルフォード・グレイヴス

午後1時から、『エスクァイア』の「EV. Café2」の座談会収録、新宿で。終了後、「青山まで行くから、車で送るよ」。

夏の終わり、むしむししてて、梅雨のような天気。ひどい渋滞、車中で雑談。彼は、演出家・ロバート・ウィルソンが新作の音楽を頼んできたので、ウィルソンのロング・アイランドの仕事場を見に行った時の話を、興奮さめやらぬように話す。そこがいかに広大な場所で、いくつもスタジオがあり、世界中からウィルソンのワークショップのために若者たちが集まっている様、敷地内のあちこちの自然の中に、さりげなく本物の骨董が静かに展示されている様を描写する。しかし、何よりも彼を驚かせたのは、ウィルソンが自分の演劇をつくり上げていく手法だ。ウィルソンは、ワークショップに参加した人間を実際に配置しながら、〝劇〟をつくり上げてゆく。しかし、それはあくまでも、本番のためのダミー／モデルなのだ。ウィルソンは、実際の人間を、あたかもデッサンや下描きのための絵の具のように使って作品をつくっていく。フリーハンドでつくり始めるのだという。あらかじめのメソッドによって構成していくのではないやり方のすごさ。

フリー・ジャズのパーカッショニスト、ミルフォード・グレイヴスの話になる。最初は、10年前に見た時と同じだと頭で思っていても、やがて、体が反応し始めていたこと。そして、ミルフォードが、ドラムやドラを叩きながら、無意味なコトバを叫び、体と五感のすべてを開いてプレイした様を描写した。その話をすると、彼は「ちょうどミルフォードのことを、なぜか思い出してたんだ」と、この話にとても驚く。反復し、同時に即座に壊しながら生成していくすごさ。絵を描くように音楽をつくることに魅かれるという話をお互いにした。

１９９８年の東京で暮らしているということ。オウム・サリンや酒鬼薔薇事件によって、世紀末の病理の憑き物は、世界中で一番早く、すでに落ちてしまったのかもしれないと思うことがある。世紀末はもうないな、五感と官能だよね、そうそう、などと渋滞の中で喋り続け、表参道の交差点に着いたところで、会話は何の結論も出ぬまま中断し、車は止まる。雑踏の中に出る。ｓｋｍｔは走り去る。

1998年9月18日　東京

ワーナー・スタジオ。『BTTB』レコーディング中。ｓｋｍｔは赤いシャツ、サングラス姿。口琴を手にしたまま。「聴いてく？　まだ途中だけど」。彼はスタジオのスタッフに指示して、４曲セットしてくれる。静謐で美しいメロディ、またある曲はフエリーニの、コミカルだが哀しい道化のシーンのよう。そうかと思うと口琴をミックスさせた太古の響き。なつかしく、そして未知なもの。他者の記憶を自らの郷愁として体験しているような不思議な感覚にしびれる。「シュールレアリスムと文化人類学の出会いみたいだよね」。彼は体でリズムをとりながら、続いて、プリペアード・ピアノを使った曲をリプレイする。「ね、ミルフォード・グレイヴスをピアノでやってるんだよ」。

**日記から（1998年10月5日　東京）**

昨日、『BTTB』のマスタリングが終わった。できた。
準備しだしてから6週間。曲を書き始めてから4週間で完成、という非常に短い制作期間だったが、『Esperanto』以来、あるいは『音楽図鑑』以来の充実感がある。自分にとって、何かが見えた、という感じだ。真剣に「書く」ことに集中した曲は、それなりに響く、ということを実感した。特に左手。この『BTTB』は、来年のオペラの準備でもある。「Back To The Basic」というのは、意味深なタイトルでもある。休む間もなく、今日から美雨のアルバムに突入している。

## 1998年10月23日　東京

### 143　マース・カニングハムの夜に

この1週間というもの、彼は、朝の10時から夜の8時頃まで、連日新しいアルバム『BTTB』のための取材攻勢をこなしていた。自分のソロアルバム制作だけでなく、プロデュースの仕事も同時に進める超ハードなスケジュールを知っていたから、もうNYに帰る前には会えそうにないとあきらめていた。そんな時、週末の朝、空さんが電話をしてきてくれて、「夜、新宿でマース・カニングハムを観たあと、食事するんだけど、その時きたら」と言ってくれる。公演が終了した後、10時半頃、電話をもらい、彼のお気に入りのイタリアン・レストランでおちあう。

彼は毛糸で編んだ帽子をかぶり、テーブルに恐ろしいほど疲れた様子で座っていた。

僕は「マースは？」と聞く。

「それがね、恥ずかしながら泣いてしまいました」

公演が終わり、拍手の中、マースが最後に舞台にあらわれる。もう歩くのも大変なぐらいのマースに拍手を送りながら、彼は、粛々と涙を流し、立ち尽くしていた。

「だから、見つかんないように、そそくさと逃げて帰った」。照れ笑い。

「この数日間、〝坂本さんにとってベーシックってなんですか？〟って10回ぐらいインタビューで質問されて。でも、今回のマースを観たら、ベーシックっていうのは、60年代のことだってわかった、確認できたんだよ」

静かに、ぽつりと言う。

## 144 BTTB#1

新しいアルバムのタイトル案は二つ。ひとつは『2B』、BACKとBASICの二つのB。もうひとつが『BTTB』、BACK TO THE BASICの頭文字をつなげたもの。『2B』はエンピツみたいでかわいいけど、ちょっとコミカルで、『BTTB』は、コンピュータのモニターで縦に並べると、シンメトリーで、すごく記号のように見える。

元素配列式や、ＤＮＡの結合モデルにも似ている。

彼はまだ一曲も作曲していないのに、「その理由」だけで、新しいアルバムのタイトルを『BTTB』にすることにする。

## 145　即興

頭の中に、何もきっかけがなくて、ただ手で遊んでいる。

即興って捜すこと。

手の先から出てくる思考みたいなもの。

即興ってプレイすること。

## 146　アナログのレコードが何千枚も倉庫に眠っていて……

ＮＹに行く前、ビニール盤を何千枚か倉庫に預けたのがあることをｓｋｍｔは思い出す。

「最近、ＤＪもやるからさ」

結構面白いアナログ盤を持ってたことを、ＮＹに帰る前に思い出し、それを倉庫から事務所に彼は持ってきたのだ。

「何でも一応あるっていうか、何でも買っておく性分だったから」

彼は「物持ち」がすごくいい。子どもの時買った本やレコードなど、見事にセレクトされ、残されている。クラシックも、民族音楽もボサノヴァも、何もかも。でも、持ってたことも、もう忘れていて、過去を振り返ったりなんてしない。

「うん、確認するだけ」

## 147　ひとつ

一人の人間の中のいいところなんて、ひとつあれば十分。ないやつがほとんどだから。誰だってそうでしょ。使うアイテムだって5個ぐらいしかない。結局ひとつのことしかやってない。

だから、別に過去に固執したり、後ろを振り返るというわけでもなくて、でも、出せるものはひとつしかないよね。

出し方は、次にはアンビエントになったり、音響系になったり、自分でもわからない。たまたまピアノを使うってことかもしれないし。

ウォーホルだってケージだってそうだった。

それでいいんじゃない？

## 148　ドアノブ的／クロード

多分、14、15歳の頃だったと思うんだけど。ある本を読んでたら、こんな話があった。ずっと世代の上の作曲家の話なんだけど、その人がパリに留学してて、偉いフランス人の先生について勉強してた。ある日、その先生が作曲家にこう聞いたのね。

「君はソナタっていうのがわかるかね？」

で、作曲家が答えに窮して困っていたら先生は、「それは、古いヨーロッパの民家のドアノブだったり、階段の手すりの曲線だったり、その形にこそ精神が宿っている」と言って、極東から来た君みたいな日本人に、それがわかるわけがない、わからなければ、ソナタなんか書けるわけがないと言ったんだって。その話を読んだ時、そんなことをフランス人に言われるようじゃ、作曲なんてできるわけがない。そんなこともわからないで、フランスになぜ行ってるのかと思った。

ヨーロッパ人にだって音痴もいれば、音楽に興味のない人もいっぱいいる。でも、とりあえずドアノブがあり、階段の手すりはあるわけで、それはもうベーシックなヨーロッパですよね。ドアノブは、何ていうか、時間の積み重ねられたデザインとしてそこに存在するわけであって、その意匠が総合した頂点に音楽や建築ってあるわけでしょ。建築も音楽も、そういうドアノブ的なものの積み重ね、厚みの上でやってるわけでさ。ピアノっていう楽器自体が、ドアノブの集大成みたいなものだから。

自分でも笑っちゃうんだけど、10代の頃を思い出してみると、自分ってドビュッシーの生まれ変わりだって思ってたからさ(笑)。僕はフランス人だからノープロブレム。問題ないって思ってた。日本から留学して勉強しようなんてやつにはわかるわけない。邪道なんですよ、だめ。

22歳の時、親から留学すればって言われたけど、必要ないって。もう、そのものだからさ(笑)。ヨーロッパっていうのは、学びに行くところじゃないんですよ。学んでいるうちはだめでしょう。

この間、作曲してた時、「僕はクロードだ」って言ってたことを突然思い出した。クロード・ドビュッシー。もうほとんど酒鬼薔薇だったね。親近感を感じるな。ノートなんて、ばーっとサインの練習をしてたから。ノート中が、クロードっていうサインだらけでさ（笑）。

## 149　マタイ受難曲

つくりながらインスピレイションの「素」にするもの。行き詰まったりする時、白紙から何か始める時、ｓｋｍｔがすること、それは例えば、カルティエ＝ブレッソンの写真を見ること。

あるいは、ピアノの練習代わりに、スタッフに頼んで譜面をたくさん買ってきてもらって弾くこと。彼は、その楽譜の中から、バッハの『マタイ受難曲』を弾く。「ああなんて美しい、本当に好きなんだ」って言いながら弾く。そして彼は「intermezzo」と題した一曲を書き上げる。

## 150　炭の音楽／詩

浜辺にはさまざまな色と形の石が打ち上げられ、波に洗われながら、きらめいている。その石は、あるものは、海底の火山が生み出したものであり、またあるものは、河の上流から大雨と共に流され、長旅を経てここに辿り着いたものである。いずれも、出自はどうあれ、もとの姿を失い、破片となり、同じ浜辺に打ち上げられ、光っている。

ｓｋｍｔに『BTTB』を聴いた印象を話す。彼はこう答える。

人がデザインした宝石は、ほとんど興味ないけど、でも宝石になる前の原石は好きだな。ルビー、サファイア、色とりどりで形も違うし、結晶の形も違う。ひとつひとつは関係ないからバラバラだけど。『BTTB』も全体のイメージってない、全然ないんです。でもなんか、バラバラだけど、共存してるのは、コツっと固い響きがするのね。キーンっていう金属的とまではいかないけど、固い響きのピアノの音がしてる。石とか、陶器とか、備長炭というか。有機的でも金属でもなくて、炭のような音というかね。

音から、「意匠」がはぎ取られたピアノ曲を僕は聴く。それは一曲一曲が詩だ。よけいな形容詞がはぎ取られた詩だと思う。

北園克衛の詩みたいに、本当に単語だけ、それこそ粗削りな宝石みたい。マラルメなんかの洗練とも違う、象徴性は全然ないし。事物と記号がほとんど一体化してて、モノとしての単語がただ配置されただけの詩。それに近いものを感じています。

## 151　標本

昔の学者の書斎の写真。貝や石や船の形をした木片や、バラバラなものが標本化されて置いてある部屋が彼は好きだ。

「自分でも小学生の時に昆虫標本つくったり、海草標本つくったりしたよ」

微生物、バクテリア、元素配列式、ストラクチャー。

『BTTB』、一曲一曲がそんな感じに。

「動いてる虫とか捕まえられたの？」

「捕まえてたよ。捕まえて、注射して、標本にしてた」

「男の子って、子どもの時は虫を手でつかめるのに、大人になるとだめになる。やっぱり、今はだめでしょ？」

「うーん、蟬は大丈夫。コオロギもいけるかな」

「ホント⁉」

「トンボもこの間捕まえたよ。網でだけどさ（笑）」

## 152　壊し方

やっぱり、どこかを壊さないと届かないんだよね。で、その壊し方をいかにセンスよくやるか、そういうことだと思うの。意味から脱落していく部分のセンス……。

## 153　BTTB#2

最初のプラン。ピアノを一人で即興したものを一発録りし、そのままＣＤにするというもの。それを20周年の作品として。

「でもただ条件がひとつだけあってね……」

以前「トリオ」でワールド・ツアーを行なった時、彼は、初めて「場所」からインスピレイションを受けるという体験をした。

「アテネの円形劇場と、ポルトガルのポルトって街の劇場。そこは、音がものすごくよくて、１時間でも、２時間でも弾き続けられると思ったんだ……」

## 154　バクテリアは眠るか？

どんな曲を書けばいいのか、どんな曲を書きたいのか。

そんなことは考えない。

ピアノを弾いたり、少しずつ試行錯誤をして、いろんなモチーフが見つかってゆく。悶々としていて、たまたまお茶を飲みに行った店の隣りで売っていた「口琴」を彼は買う。こんなに気に入ったものは久しぶりだ。彼は人と喋るときも、ずっと「口琴」を使って喋った。その音がすごくよかったから、アルバムに入れた。

プリペアード・ピアノ。ジョン・ケージが、ピアノの弦に、「消しゴム」をはさんで、音をミュートして「つくった」ピアノ。以前、「ケージのプリペアード・ピアノの音って、まるでガムランみたいですね」と質問をふると、「正解。だって、ケージはピアノでガムランをやろうと思ってプリペアード・ピアノって考えたんだもん」とｓｋｍｔは教えてくれる。

「ピアノでミルフォード・グレイヴスやってるんだよ。あの、フリージャズの……」

彼は、リプレイする音楽に合わせて体を揺らし、体を叩いている。

口琴とプリペアード・ピアノの曲以外は、左手で、鉛筆を使って全部楽譜に書かれてつくられた。

「タイトルって全部最初からつけてるんですか？」

「今回は、後から。〝intermezzo〟とかは最初から決まってたけど、他の曲は、今までストックしてある〝タイトルアイディア集〟からとってつけたんだよ。いつも思いついた時に言葉を拾っておいて、そこから適当にサンプリングして使ったんだけどすごくうまくいった」

「〝do bacteria sleep〟バクテリアは眠るか？　いいタイトルだなあ。スティーブン・J・グールドの本のタイトルみたい」

「フィリップ・K・ディックみたいでもあるし」

「〝ローレンツ・アンド・ワトソン〟っていうのも面白い」

「ねじくれたバイエルみたいでしょ」

「洒落てる。エスプリ感じますね、すごく。それに、何だか喜劇のローレルとハーディみたいだし。科学のボードヴィル」

「そう。しょっちゅう喧嘩してて」

「この〝bachata〟っていうのは？」

「本当は〝ボレロ〟ってつけたかったんだけど、〝ボレロ〟ってつけるとラヴェルの真似したみたいでしょ。だけど〝ボレロ〟っていうのは一般的なラテン音楽の形式の名前に過ぎないのね。〝ボレロ〟ってタイトルのついた曲は、無数と言っていいぐらいある。ラヴェルのやつが、先に使いやがったんだ（笑）」

「すると〝bachata〟っていうのは……」

「ラテン音楽の形式の名前、サウスアメリカのほうの音楽なんだけど」

「ブラジル？」

「いや、ドミニカさ。かわいいでしょ？　女の子の名前みたいで」

## 155　ｓｋｍｔの書いた過去の原稿からの引用

僕にとって一つの大切なイメージとして、人間など居なかった地球が、地球的環境に生物たちを棲息させながら、ほとんど充全に生きていく体系を遂行していた、という考えが子どもの頃からの僕にはぬきがたくある。これをあえて人間の尺度でみると文明や文化などない「幸福」というイメージ。そしてそのほとんどが百パーセントでないほとんどであるその余りの部分で進化があり、人間まで来てしまったのである。それだからこそ進化とは、もしそんなものがあり得るとして進歩とは何の関係もなくまたそれは棲み易さの追求でもなく、唯まだ現出していない環境世界を不断に更新していった果ての人間という到達点にすぎない。次々に意味世界を創出せざるを得ない生物としての蓋然性のゆきつく先の、自分たちだけに意味をもちうる環境世界を他の種を犠牲にしながらつくり続ける人間の反自然的自然。もし悪があるとして人間という種全体が担っている悪ほどの悪があるだろうか。

（1981　新潮社『波』坂本龍一「ひとりになったら本を読む」より）

## 156　才能は、ない

集中したレコーディングだった。ｓｋｍｔはほとんどの曲を一月ほどの間に書き上げ、そして録音をすませた。レコード会社のスタッフも、レコーディングのエンジニアたちも、その密度に驚くばかりだった。

「どうやったのか、何も覚えてないんだよ」

録音のスケジュールが最終日に近づくにつれ、彼はとめどなく曲を書いた。放っておけば、いくらでも書けそうに見えた。

「もう少し時間があれば、もっとつくられた曲もあったかもしれないと思うけど、結局、その曲はもうつくられることはないんだよね。そう思うと不思議な気もする」

「それを〝天才〟って言うんじゃないのかな」とあまり使わないコトバを意識的に使って質問する。天才というコトバはそう軽はずみに使えないと思うから。

「（笑）。……最初は才能なかったんだけどなあ。ピアノだって嫌いだったし、まして自分だけ才能があるなんて、これっぽっちも思ったことなんてなかったし」

「どうして？」

「それはさ、ついた先生が悪かったと思う。僕はメロディが書けなくてさ、そんな11歳の子が自分のところに作曲を習いにきたら、まともに考えれば、〝君、帰っていいよ〟ってなるか、あるいは、とにかく、書けるように教えるかのどちらかだよね。本当に卓見した先生だったら、この子の〝メロディを書けない才能〟を開花させよう、〝メロディが書けないということはすごい才能である〟と大事に育てるはずだから。でも、そんな先生は千人に一人もいない。全然いないよ」

「それで、どうしろって言われたんですか？」

「どうしろとも言わないんだよ」

「それでどうしたんですか？」

「どうもしない。ただ毎日通ってただけ」

## 157　60年代

……まだ詩とかもあったしね……だから、ウォーホルまでは歴史性があるんだけど……それ以降はないし……もうすべてやられてるってこと知らないからさ。知ってれば恥ずかしくてできないのに。知ったうえでやって欲しいよね。……60年代にもうすべてやられてるんですよ。それに砂糖かけて甘くして、それでマックやってるのがかっこいいなんてさ、ばかやろうだよね……知識と教養がもうないから、自分のやってることがとっくにやられてることすら皆知らない……マース・カニングハムも、32年ぶりに聴いた小杉武久も前と全然同じだった……全部面白かった、でも知ってることは何もないけど……ベーシックってそのことだよね……。

## 158　BTTB#3

過去を振り返るとか、原点回帰というのではなくて、そんなコトバにもしばられないでベーシックにあるものを確認すること。昔話や思い出から逃げながら、BTTBすること。

1998年12月7日～13日　東京

SKMTPBTTBMPD98――青山6丁目にあるイベント・スペース、モーダポリティカが「イベント」会場だった。彼は、例年行なっていたクリスマス・コンサートをやめ、今年は約1週間連続する形で、非常に小さなスペースで「演奏」を行なうことにする。

会場は、普段はファッションの展示会や、パーティが行なわれるスペースで、コンサート会場ではない。

夜8時すぎ開場。入ると、壁近くにMIDIピアノが1台置かれ、その前に小さなターンテーブルのブースがつくられているだけ。黒い大きなスピーカーが積まれ、ベルトで固定されている。観客はピアノの周りのフロアに座り込んだり、歩き回ったりしながら聴くことが出来る。驚くほどのオープン・スペース。天井からは、透明なビニールに、単語が白くプリントされた細い帯が垂れ下がっていて、照明の中で光って見える。

やがて時間になると、彼が裏の控室から出てくる。ラフなスタイル。香をたき、ちょっとワインを飲み、持ってきたボックス・ケースの中からレコードを選んでDJを始める。何の計画もなく、その場で今日は何をかけるかを決め、ミックスしていく。エスニックな日もあれば、ノイジーな日もある。そのプレイは延々と続く。プログラムは、あってないようなものとして進められてゆく。DJに合わせ、空里香がつくった文字とグリッドだけのミニマルなスライドが壁にプロジェクションされる。しかし、それも手動であり、会場の雰囲気は、60年代〜70年代の前衛音楽イベントのようでさえある。さまざまな時代の音楽をその場でミックスしているのを見ると、まるで、次のプロジェクトであるオペラのための「スタディ」にも思える。

DJプレイが終わると、アルバム『BTTB』に収録された曲のピアノ独奏が始まる。

最初はプリペアード・ピアノから。一曲ごとに長い髪をかき上げながら、情感を込め、明かりを落とした空間の中で弾く。それらの曲は、なつかしさと、未知の感情を同時に与えてくれる。今、いつの時代の、どの街の、どこにいるのか、その音楽はわからなくしてくれる。帰るべき故郷というものを喪失した者たちのためのやさしく、そして、ツイスティッドな感覚のピアノ小品たち。

そして必ずラストはＹＭＯのピアノ・ソロで終わる。歓声、笑い声、拍手、クリスマス前の愉快な時間。大仰ではなく、小さな奇跡としての音楽。そのすばらしい一瞬のつらなり。

**日記から（1998年12月25日　オーストラリア）**

彼のホームページの日記欄に、次のような文章が新しく書き加えられているのに気づく。一緒に、彼がデジタル・カメラで撮影した無人のビーチの写真が1枚だけそえられている。それは、モーダポリティカで1週間続いたイベント終了後、オーストラリアへオフの旅に出かけていた彼が、現地から送ってきたものだった。

8時に起きる。ランチを食べてから、海に行く。

音央は最初少し怖がっていたが、だんだん波になれて、二人でさんざん波乗りを楽しむ。

Surfers Paradiseというだけあって、
かなり高い波がくる所だ。夜、プールのわきで、音央と夜空を楽しむ。

音央、「夜はやっぱりいいねえ」、「水に映る火がきれい」などと言う。

今日はクリスマスだったので、ホテル内は混雑していた。

ここは、つまらないただのリゾート地だ。

アボリジニを虐殺した民族の末裔が商業を営む、つまらない土地だ。

何千年と続いた祖先の土地を奪われ、
何もかも奪われたアボリジニたちの心はいかばかりか。

こんなに醜くなったかつての自分らの土地を見ての彼らの心は。

やはり、人類に希望はない。

人類は残酷で下品で破壊的な動物になってしまった。

人類にまだ少しの希望や上品さが残っていたころの「映画」という芸術から引用。

# 1998年12月29日　東京

## 159　戦争

恵比寿の、ウェスティンホテルの喫茶店で待ち合わせ。ｓｋｍｔは昨日の夜、オーストラリアから帰ってきたばかりで、日焼けした顔を見せる。

米英軍によるイラン空爆の話をする。

契約、条約、同盟、すべてのルールが壊れている。効力がなくなっている。冷戦の封印が解けたあとの世界。小さな戦争が世界のどこにでも起こりうる。今日のバグダッドの物語は、明日の北朝鮮の物語になるだろう。

そこかしこに、戦争の危険があるけれど、戦争自体はどんどん目に見えないものになっていく。

攻撃する側が、殺された者たちの肉片も、骨も、血も、見ることも触れることもない戦争。

見えない戦争。

戦争は毎日我々が見ているのと同じディスプレイの上で行なわれているのだ。

「実際そこで人は死んでも、もう誰も実感がないんだ」

ホテルのロビーは、師走のあわただしい空気がただよっていたけれど、何か盛り上がりに欠けているように見えた。誰もがこの日常が続くのが当り前と思っている。新年や未来と言ってもその程度の実感なのだろう。疑うことも、抵抗することも、感情をあらわすこともない、エントロピーが増加しきった熱死の街。彼は居心地悪そうに椅子に座り、静かに戦争の話を続けている。

## 160　絶望的に醜い人間にさよなら

……行ってみると本当に巨大なリゾート地で、海岸線がマイアミの何十倍もあるような土地。ゴールドコーストっていう場所なんだよ。全くオーストラリアに無知だから、ただ、旅行会社に相談して取ってもらっただけだったんだけど……。ものすごい広いエリアに、まるでラスベガスみたいなネオンサインや遊園地やカジノが続いている。先住民のアボリジニたちは、もともと鉄器を持たないから、イギリス人が侵略した時もほとんど戦うことなく土地を奪われてしまったんだよ。アボリジニの土地をさ、よくもここまで醜くしたなって思った。

絶望的に醜くて、怒りが込み上げてきてね。

でも、僕がそこで感じたことは、この20世紀の終わりに、世界中で起こってることなんだ。オーストラリアの場合は、イギリス人がやったけれど、イギリス人だけでなく人類全体が生み出してきたことでしょ。

詩人の田村隆一さんは最後の詩集『1999』の最後でこう書いた。

さよなら　遺伝子と電子工学だけを残したままの
人間の世紀末
1999

死ぬ前の最後の3行、最後の最後の遺書としては、できすぎだけど、かなりポップだと思う。

もう、これしかないんだよね、醜い人類にさよならってことしかね。

## 161　救いとは何か？

ベルトルッチは、彼にこう言った。

「救いがないことが、救いだ」と。

それは詩としては美しいけれど、その一言で終わりにはできないだろう。

彼は自分として納得できる答えを探す。

救済とは、自分が死に、微生物や昆虫に分解されて、次の生のサイクルの栄養になることだと言ったことがある。

代謝、メタボリズムこそが唯一の救いのような気がすると。

「だからいつも、僕が死んだら土葬にしてくれって言ってるんだけど、今の日本だと土葬は認められないらしい。葬った人は死体遺棄罪でつかまってしまう（笑）。土葬を認めない国なんて、なんて野蛮なんだろう。生命の本質が何にもわかっちゃいないんだ」

## 162　悪と衰弱

まず第一の悪の誕生——一万年前といわれる農耕の発明、それによって食糧が確保され、人口が爆発的に増えたということ。

第二の悪の誕生——19世紀末から20世紀にかけての産業革命プラス医療革命。それにともなう人口爆発。

優生学というと、なんかナチスみたいになっちゃうけれど、優生学的な考え方というのは、マルサスの人口論や、それに基づくダーウィンの進化論のように、ヨーロッパの近代思想の根っこにもともとある発想だった。医療革命によって、本来淘汰される弱い遺伝子が残り、人類に弱い遺伝子がたまっていく。それ自体は悪いことだと思わないけれど、人口増加にともない、経済活動のコンペティション、競争という商業主義が加速される。それが現在の悪のすべての元のような気がする。環境や倫理や文化の破綻のね。

もちろん僕はね、弱い遺伝子が死ねばいいと思ってるんじゃなくてね、逆に、リン・マーギュリス型の共生進化論に共感する。弱い遺伝子が、強い遺伝子に食われ、融合し、内部に入って共生進化してきたというモデルにね。長いスパンで見ると、人類は、弱い遺伝子を組み込んでいくから、人類総体としては人口は増えているけれど、衰弱している。医療革命によって、種としてはどんどん弱いものへ変質しているわけさ。だから、地球的に見ると、増えることで逆に滅亡に近づいていく。かなりやばい状態だけど、長い目で見ると、まあこれでいいかなという気もするし。すごく複雑な気持ちだよ。

## 163 光

それは、人類最後の滅亡の光なのか。
それとも救済なのか。わからない。
いずれにせよ、ドラマの最後は光により終わるだろう。
それはビッグバンの光かもしれない。
いや最後の光かもしれない。その最後は、始まりであるのかもしれない。

## 164　人間は？

子どもが彼に言う。

「知ってる？　蠅もね、役に立ってるんだよ」

『ファーブル昆虫記』を夢中で読んで、目を輝かせて説明してくれる。

「世界から蠅がいなくなったら本当に困っちゃうんだよ、知ってた？」

彼はそうだねとうなずく。子どもはまた彼に聞く。

「じゃあ、蚊は何の役に立ってるんだろう？」

彼は困ったように笑ってこう言う。

「ファーブル先生は時間がなかったから、おまえが研究してみるといいよ」

子どもはまた何か考えている。そしてこう聞く。

「じゃあ、人間はいったい何の役に立っているの？」

## 165　我々の想念って……

……昔からフラストレイションたまるのはね、やっぱり、イルカみたいに想念を丸ごとそのまま伝えることができなくて、必ず、他者に伝えるためには、時間を含めた四次元に直さなきゃいけない。時間を軸としたリニアな形に必ずするわけでしょ。オペラだって、ドラマだって、音楽だって不自由な時間軸上のものだし。そのことに僕は、昔からすごくフラストレイションを感じてるわけ、何で伝わらないんだろって。人に伝えること、つまり表現というのは、要するに人に伝えられるような形にすることでしょう。それは、時間軸に置換してやることだから。でも、我々の想念ってそういう時間軸に置かれてない。ホログラフィックって言ってもいいけど、一瞬の中に全体があるようなものでしょ。夢にしても、想念にしても、イメージにしても。時間軸に直したとたんに、それは翻訳されたものであって、想念と同じものではない。つくる側も聴く側も、時間的に非常に不自由な軸の上をたどっていかなきゃいけない。だから本もこんなに長くなってしまう（笑）。サンボリズム詩人、マラルメが言ってたみたいに、一瞬の中の世界のすべてが入り込んだ象徴が存在してもいいわけなのに。なぜって、我々の想念がそうなっているわけだから……。

「新しいものを考えようにも、もう空き地がないような感じがあるでしょ。そういう空気があるから、未来も追憶であるみたいに、そういう方向にイマジネーションっていうか、想念のベクトルが向かってる感じがしませんか？」

「未来についてのイメージというのは、過去にある、我々ができることはただ追憶するだけだっていうのは、別に日本だけじゃなくて、世界的にそうじゃないのかな。ポジティブなイマジネーションっていうのは、世界的にないよね。そのことはわかるけど、だからといって、僕は手塚治虫がやったみたいに〝明るい未来〟を提出しようって気なんて全然ない」

「生命は〝希望〟や〝未来〟ってコトバがなくてもやっていくわけだから」

「〝希望〟も〝救済〟も〝未来〟もね、コトバは何でもいいんだけど、でも人類だけはそういうものが必要じゃないのかな。チンパンジーには必要じゃないんだけど人類には必要じゃないかな。それはやっぱり示したい」

「今、ここにあるとかないとかじゃなくて、やっぱり示すということなんだ」

「うん、僕、ニーチェとかよく知らないけど、近いのかなあ、問題としては。人類に救いはないけれど、理念は指し示さなきゃならないっていうような元気さがあるでしよ。非常に深く絶望してるんだけど、それだけじゃどうしようもないっていうか。なんか別の元気さがあるような気がするんだけどね」

## 167　陰／陽

オペラの課題――レクイエム的な表現に仕上げることは簡単だけど問題はそこにあるのではない。そこにどうやって、陰と陽の、特に陽の部分を表現するのかということ。何を陽とするか――それは救済ということと言い換えてもいいかもしれない。

……人間は死に、人類はやがて滅びる。死ぬと分解され、また循環してゆく。その現実をただ認めてね、人類は途絶えるかもしれないけど、微生物があと50億年ぐらい進化し続けるだろうというのは陽なんだよ。それは、人類の希望や未来ってこととは関係なくてね。

……僕は生命の進化の力が続いていくことに確信があるよ。例えば、哺乳類はこの地球の上から全滅してしまうかもしれない。大げさじゃなくてね。でも、陽の視点で見れば、これも良し――というのが救済の視点なんだよね。

……哺乳類が絶命するのが悲しいというのは、人類のコンテクストであって、それだとレクイエムになってしまう。だけど、同じことを生命のコンテクスト、進化のコンテクストから見れば、それは陽なことなんです。良い悪いじゃなくて、そうであることが陽なんです。僕が言っている救済のイメージはそこからくるんだと思う。

……地球だってあと１００億年ぐらいすればなくなってしまう。バクテリアもその時は宇宙に飛び散っていくでしょう。もうその先はわからないですね……。

## 168　不揃い／グルーヴのローファイ

意外に聞こえるかもしれないが、ｓｋｍｔは、実はテクノ・ミュージックが嫌いだ。テクノは反復だけれど、彼は実はその図式をどこかで壊していく。ずらしたり、不揃いにしたり、ランダムにしたり。構造におさまることから逃げ続ける。

……僕がやってるＦＭ番組に毎月投稿してくる人たちがいるんだけど、その中に、今まであんまり聴いたことがない音源がたまに混じってる。テクノってさ、あんまりにもピタッと合っていて、ズレがなくて面白くない。その投稿してくる子たちの中にさ、リズムがギクシャクして、あえて合わないようにしてる音楽があるのね。グルーヴのローファイってコトバは、実際、その子たちから聞いたんだけど。グルーヴが合わない。微妙な合わなさをやってる子たちが何人かいるんだよ。揺らぎだよね、揺らいでるんだよ。

……生命とかさ、酸素が薄くなったら、それに適応したバクテリアが出てくるじゃない。「棲み分け」ってことだよね。だから、きっとその子たちは酸素が薄くなってきてると思う。だから、今までにないものを出してきてると思うんだ。きっとね。

……そういう揺らぎがないとさ、彼らの生命の炎が燃えないんだよ。揺らぎがないと止まって、死んじゃうってことだから。

……僕もずっと昔からテクノが好きになれなかったのは、あまりにも単純でさ、なんか感じられないんだよね。やっと出てきた、揺らいでいるのが。でも、それはテクノを通過したあとからなんだよ。

……あまりそういう音楽は他にはないよ。テクノとエスニックの両方を通過したあとに出てきたものかな……。

## 169　end

くっつきあう力と反発する力。つまり磁力さ。これがやっぱり宇宙のすべてじゃないかと思ってるんだけどね……。

そのコトバでインタビューは終わった。終わったというより、何杯目かのお茶のおかわりに飽きて、インタビューは自然に終わった。

そのあとは、オペラ「LIFE」で使うテキストについての打ち合わせを兼ねた雑談をした。もう午後の太陽は低く、ホテルの喫茶店は黄昏た気配がただよっていた。

彼は、リン・マーギュリスや栗原康の本のクリッピングをやっておくよと言い、イメージを探るためにボルタンスキーの作品の中に使われたさまざまな人のアルバムの写真、収容所の人たちのポートレイトの話、ボスニアのファミリー・フォト、それらとは全く逆にスーパーマーケットで売られているケミカル・カラーを物撮りした写真の話を二人でした。

「リニアな物語でくるって、本当に不可能ですよね」と、すべては、一種ばらまかれたカードのようなものとしてしか、表現が成り立たないと言うと、彼は、うなずき、

「そうだよ、統一的な表現って、全然考えられないよ」と言った。そしてまるで他人のことを喋るみたいにこう言った。

「多分、20世紀と生命系っていうふたつのテーマがあるんだ。僕は今まで自覚してなかったけど、20世紀というのが、比較的陰で、人類の犯罪を描いていて、生命系というのが陽の部分、要するに人類は滅びても生命は進み続けるということを描きたいんじゃないかな、きっと僕は」と。


そして……そして、僕らは、年末でもう人気の少なくなり始めた東京の道を抜け、渋谷に出た。パルコ・ブックセンターに隣接したロゴスへ行って写真集を見た。彼は、アンドレアス・グルスキーの新しい写真集と、ドイツ赤軍であるバーダー・マインホフの写真集、そしてスプートニクのムックを買った。アボリジニの本も探したけれど見つからなかった。おそらく今年最後の本屋めぐりだろう。

地上に出ると、もう夜がせまっていた。あまり寒さは感じなかった。代々木体育館の近くに車を止めたから、そのあたりまで歩きながら話をした。その時、どんなことを話したのか、よく覚えていない。耳に残っているのは、断片だけ。渋公前で別れた時、ｓｋｍｔは、「一人でできることなんて、何もないと思う。もう興味もないんだ」。そう言った。手を振って、一人で坂道を下って行った。

長い午後の終わりだった。

## 170 それから……

1999年が始まるとともに、オペラ「LIFE」のプロジェクトが本格的に動き出した。正月の新聞での告知に始まり、全体ミーティングが開かれ、ヴィジュアル、ステージ、サウンド、テキスト、ネットなどに関わるさまざまな人たちが集められ動き出した。プロジェクトの全容、「LIFE」の記録などは、また別の形でお目にかけたいと思う。

ars longa, vita brevis.

芸は長く、いのちはみじかい。『ｓｋｍｔ』はまだ続くのである。

S
k
m
t

2

## 171　計画ヴァージョン2／この「本」はどのようにして書かれ、つくられるのか？

１９９９年8月10日に『ｓｋｍｔ１』は出版された。それは、１９９６年4月15日のニューヨークでのインタヴューに始まり、１９９８年12月29日の東京にいたるまで、実際にほぼ4年間、繰り返し行なわれた坂本龍一と後藤繁雄の対話を素材にしてつくられた、１７０個の断片によって構成されている。約3年のブランクののち、ここに『ｓｋｍｔ２』を再開する（リスタート／リオープン）。

このタイトルであるｓｋｍｔ2は、坂本龍一のドメイン名表記からとられている。

この「ヴァージョン2」は、先の『ｓｋｍｔ１』に引き続いて、固定的なものでも決定的なものでもまったくない。この原稿は、再び、一種のエスキスとして「とりあえず」書かれるものであって、もし可能なら今後も書きかえられ、次々に形を変えていくことになる。常に書きかえられ、編集され続けるテキストなのである。

他者を自分のように、自分を他者のように。

ある人物を誰でもない人物のように。

誰もがこの人について書かれたものを読んだ時、自分のことが書かれていると思うように。

## 172　世紀末から新世紀へI（DISCとBOOK）

この3年間の主なCD——『BTTB』『ウラBTTB』『LOVE IS THE DEVIL』『LIFE IN PROGRESS』『RAW LIFE』『LOST CHILD』『L.O.L』『IN THE LOBBY AT G.E.H IN LONDON』『スネーク・アイズ　オリジナルサウンドトラック』『CASA』『COMICA』『Minha vida como um filme』『変革の世紀』『ELEPHANTISM』etc.

この3年間の主な出版物——『少年とアフリカ——音楽と物語、いのちと暴力をめぐる対話』（天童荒太との対談集）、『NAM生成』（共著）、『アースデイフォーラムブッククレット2001』（共著）、『非戦』（坂本龍一＋sustainability for peace編）、『反定義——新たな想像力へ』（辺見庸との対談集）、『エンデの警鐘——地域通貨の希望と銀行の未来』（坂本龍一＋河邑厚徳編）、『坂本龍一のアフリカ——ELEPHANTISM』。

オペラ「LIFE」は、坂本龍一個人による20世紀の総括であった。新世紀の到来を前に、「21世紀において、人類は20世紀の負債から始めなければならないだろう」と彼は話した。地球環境に負担をかけず、想像力豊かに生きるためのクリエイティヴ・ユニット、codeプロジェクト開始。また、地雷除去キャンペーンに加わり、モザンビークへ。個人的にもケニアへの旅を繰り返す。アースデイでのフォーラム企画。code new village展。エレファンティズム。

**173　世紀末から新世紀へⅡ**

①ジュビリー2000
（skmt SOTOKOTO OCTOBER 2000 ISSUEより引用）

僕は沖縄サミットにむけて、債務を放棄するべく、G7の首脳に呼びかける運動を積極的に進めてきた。U2のボノや、モハメド・アリや、ユッスー・ンドール、そしてヨハネ・パウロ二世やダライ・ラマもこの運動に賛同している。この運動は「ジュビリー2000」という。

②マサイマラにて

(skmt SOTOKOTO NOVEMBER 2000 ISSUEより引用)

人間活動が自然に与える影響は大きい。このままでは、確実に地球の自然は破壊される。未曾有の自然破壊が、地質学的時間においては、おそろしいほどの短時間で進行しているのだ。果たして人間が自然を破壊しつくした後、人工環境で生きていけるのか？　僕はできないと思う。われわれが持っている自然に関する知識は、まだおそろしいほど不完全で未熟なものだ。だとすれば、われわれ人間にできることは、現在の20世紀型の活動を、いわゆる持続型あるいは循環型の活動に変更していくことだ。それなくしては、確実にわれわれはわれわれの首をしめることになる。まあ、ここまで自然を破壊しているホモ・サピエンスがその結果として絶滅するのは、理屈に合っているとも言えるが、とばっちりをくって絶滅させられた、あるいはさせられている他の種はかなわない。自然の唯一の敵は人間だ。まさに狂ったサルだ。一体どうしてこんな種が存在してしまったのか？　人類学はこの問いに答えてくれるのか？

③I am walking skmt20010207（中島英樹のポスターへのテキストより引用）

森の中の温度は、一歩一歩変化する。

温度こそ非線形的だ。

単純を好むわれわれの脳では、その変化の奥にある原理を捉えられない。

人間の知性は、まだ幼稚なのだ。

多様なものを還元してしまう狼の群れと、1匹の狼は異なるものだ。

分子の塊の行動と、一つのふるまいは異なるのだ。

われわれは20世紀の後半になって、やっとそれがおぼろげながらわかってきた。宇宙は天動説でも地動説でもなく、またそのどちらでもある。

④地雷除去　skmt20010318
（Zero Landmine についての原稿より引用）

　地雷だけではなく、20世紀の負の遺産を次世代に残してはいけない。富や権力や宗教の為に、人が殺されることのない世界を望むことは、果たして青くさい妄想なのだろうか？　妄想だとは思いたくない。僕たちがそう望めばそれは実現するはずなのだ。すべては「希望すること」から始まるのではないのか？

⑤リオにて

(skmt SOTOKOTO APRIL2001 ISSUEより引用)

リオで9年前に世界環境会議が開かれ、ジョビンも参加した。街にはゴミが落ちてない。ニューヨークと大違い。17キロに及ぶビーチにもゴミが少ない。17年前に初めてここへ来た時、朝早くオレンジ色の制服を着た清掃人たちが、広大なビーチを端から端まで並んでゆっくりと清掃していた姿を思い出す。さすがに「奇跡の環境都市」クリチバのあるブラジルだ。年々人口が増加する街をおしのけて屹立する岩山の自然も守られているように見える。と同時に、今でもアマゾンの伐採は続いている。ジョビンは、「神が、こうもあっけなくアマゾンで300万の樹木を倒させているのは、きっとどこか別の場所で、それらの樹木を再生させているからだろう。そこにはきっと、猿もいれば花もあり、きれいな水が流れているに違いない。僕はね、死んだら、そこへ行くんだ」と言っている。

⑥WTC911　skmt20010922

（朝日新聞への寄稿より引用）

僕は思う。暴力は暴力の連鎖しか生まない。報復をすればさらに凶暴なテロの被害が、アメリカ人だけでなく世界中の人間に及ぶことになろう。巨大な破壊力を持ってしまった人間は、パンドラの箱を開けてはいけない。本当の勇気とは報復しないことではないか。暴力の連鎖を断ち切ることはできないのか。

skmt20011212 TOKYO@HIROO

## 174 アメリカという幻想の終わり

夜、食事をしながら話す。WTCの事件以降、3カ月経って彼は東京へ帰ってきた。帰ってきてすぐ会う。この間、テロの恐怖のため飛行機はガラガラ。アメリカ経済にも深刻な影響が出始める。webを使い、星川淳、枝廣淳子などとともに『非戦』の編集に追われていた。3カ月が経ったとはいえ、彼はまるで居場所が定まらないように見えた。何かに怯えている。何かを怖れている。落ちついていられるわけなどないことは承知で、「この3カ月、マンハッタンにいて何を考えてたんですか」と訊く。

毎日、どこに「逃げ場」があるか考えていたりする。どこに逃げたらいいんだろ。3カ月経っても、第2、第3のテロに遭うかもしれないっていう恐怖と、少しも衰えない愛国主義ムード。いやムードだけじゃなくて、実際、毎日のように人権や自由を抑圧する法案が提出されている。例えば、大統領が「こいつ」って決めたヤツは、逮捕状なしに拘束できたりとかね。アメリカにおいて50年代から、50年かけて築いてきた「人権に対する自由」が、ほんとに一瞬にして崩れ去った。だって、議論さえない。今の若い子だってそうだけど、戦後を生きてきた日本人というのは、物心ついてから、アメリカの「自由と民主主義」「言論の自由」「個人主義」を範としてきた。アメリカ人は、ひとりひとりの意見の自由があるとか、自分の意見を言いあえるとか。それはもう、嘘だよ。全部嘘。かつて、キング牧師のように人権や非暴力において努力した人がいて、成果をつくりあげてきたのに、そういうものを一瞬にして全部否定する、書き変える。日本の民主主義は成熟してないとかいうけど、アメリカだってないよ。完全に幻想。僕のまわりでさえ、自由とか、平和だとか言ったら「テロリスト」扱いになる。ブッシュの政策に反対するというような意見を言ったって、逮捕状なしで踏み込めるようにしようとしてるんだから。もうめちゃくちゃ。戦後、日本が国民一体になって追いかけてたアメリカが、ほんとに一夜にして終わってしまったんだよ。

## 175　帝国からの避難

彼の親しいアメリカ人は、サンフランシスコの自分の家を売り払って、そのお金でいち早くジャマイカに避難したという。警察国家アメリカ、要塞国家アメリカ。アメリカ帝国。監視衛星で地球全体をチェックし、いちいち爆撃に行かなくても宇宙からレーザー砲で攻撃することができるようになるだろう。それも10センチ誤差の精度で。

Q　ニヒリズムに陥ってますか？

A　陥ってなんかない。確かに、すべての国も、水や食糧だっていずれその狂気の中に組みこまれていくだろう。でもアメリカ帝国がローマ帝国みたいに自壊するのを僕は待っています。

## 176　非戦／逃げろ

非戦――あらゆる闘いというものを廃棄すること、でも、その「闘わない自由」ということさえ言えない社会で暮らすことの失望と絶望、いたたまれなさを彼は隠そうとしなかった。

以前「LIFE」の時、彼は、「新世紀は20世紀のつけを払うことになるだろう」と言ったが、まさにWTCの事件は、その予言通りの事態だった。マンハッタンに住むことの危なさ、そして論理や議論、それを築いてきた歴史が奪われていく危機的状況。

「どこに逃げようと、してるんですか？」

「安全な場所なんてないんだ。世界中がパレスチナになったようなものだから。だからといって、ニューヨークにずっといようとは思わない。やせ我慢してる意味なんてない」

## 177　音楽／人類の終末／希望

自分がつくる音楽にも反映してる。むちゃくちゃ大きいよ。やっぱり、どうしても「人類の終末」っていうのを考えざるをえない。希望なんかではない。中和したり、浄化したりというのでもない。まあ、「人類の終末」が見えるわけだから、音楽は、「前倒ししたレクイエム」みたいになっちゃうけどさ。一度、法律化されてしまったものを、再び壊して真の人権に戻すのは大変な作業。でも、僕の具体的な「希望」は、やっぱりエネルギーです。自然エネルギーだと思う。世界中に小さくてもいいから、自然から得られるエネルギーに依存するような、「コミュニティ」なり「地域」が増えてゆくこと。石油エネルギーに対する依存が低まれば、「彼ら」が得られる莫大な利権もなくなってくるわけだから。それのほうがね、温暖化も減速するだろうし。地域の自立した、地球的なエネルギーの供給。これが今、世界中で加速していること。太陽であり、風であり、食べ物であり、水。それらの自然環境を地域に戻す、自立できるように戻していくこと。これが具体的な「希望」

## 178　場所

水のいい土地、風が豊かで、太陽の光豊かな場所。それでいて食べ物がおいしい。安全、セキュリティ、政治的な自由。その条件の場所をできるだけ早く見つけること。比較的安全なところというとブラジルとかね。リオなんか最大の候補だと思う。もっと求めたら、それこそマサイが住んでるような、サバンナ。かなり大変だけど（笑）。でも、ほんとに「安全」ってこと考えたら、そんなとこまで行っちゃうしかない。選択肢は非常に限られる。逃げたいけれど、実は、地球上どこに行ったたって状況は変わらない。でも、「ほっかむり」しては、逃げてることにならない。むしろ、どんなに嫌な情報でも、ブッシュたちがね、世界をどうしようとしているのか。何が起こってるのか。それを見ないと、逃げるタイミングってわからないんだから。

## 179　想像力

もし東京にミサイルが撃ち込まれたら、報復したほうがいいって言う人々もたくさん出てくるだろう。でも、その上でなお「するな」「やるな」と言う人が出てくる。

その想像力を持つこと。

## 180　code new village exhibition をめぐって

今、ここで、僕らにできることは何だろう？　ノン・ヴァイオレンス、地球に負担をかけないモノづくり、エネルギーの自給自立、地域通貨とコミュニティづくり、想像力とアートの力――。code は１９９９年10月に結成されたクリエイティヴ・ユニットだが、それらのことを現実化していくために結成された。さまざまなアーティスト、ＮＰＯ、農家の人や自然エネルギー開発者と組んでデモンストレーション展をやること。それは教育的なワークショップだったり、今後、実行していく自然や環境についてのエコツアーなどのプログラムであるかもしれない。完成型で示すのではなく、つねに未完で開放系の運動のまま見せることができるのか。どこにある、ニュー・ヴィレッジ？

## 181　セバスチャン・サルガドの写真

『非戦』の巻頭の口絵には、一枚の写真がある。セバスチャン・サルガドが撮ったアフガニスタンの写真。

その写真を彼は友人のwebで知る。「爆撃が始まる前にもう壊されているアフガニスタン」と、そこには簡単な説明しかなかった。「一枚の写真が、今起こりつつあることをすべて語っている。アートにはものすごい力があるんだと思う」

## 182　人類の幼年期／一人のラムズフェルドを

動物はコトバを使わないけど、高度なコミュニケーション技術を持っている。でも、人間は人間で、コトバが必要。あのラムズフェルドさえ感動させられる一つのコトバがあるかもしれない。

でも人類はまだ、「幼年期」だから、それを開発していないのかもしれないけれど。でも、これは開発するいいチャンスだ。何十億も人間がいて、ノーベル賞をとった人間が何百人もいても、誰も持ちえてない。相手をちゃんと「コトバの土俵」に乗っけるようなことができない。それ以前に、どれぐらいの人間がそのことに自覚的だろう。ちゃんと問おうとしている人が少ない。今回、世界の五大宗教のコトバは届かず、「戦争」は始まってしまった。この1万年近く培ってきた宗教はすべて敗北した。本当に、人類の知性が試されている。

音楽ってコトバがなくて突き刺さる武器でもある。一人のラムズフェルドのような人が聴いて、「ごめんなさい」って言うようなメロディだってありうる可能性が絶対ないとは言えない。そう思ってるよ。そうでなきゃ、終わりでしょう。

## 183　アニミスティックな力

アニミズムって僕らの使ってない財産。それはヨーロッパの思考とは別の巨大な財産だよね。でもその力によるレジスタンスはずっと負け続けているような気がする。何千年もね。そう、アニミズムはずっと負けている。ニュージーランドでアボリジニが虐殺され、北アメリカでネイティヴ・アメリカンたちが虐殺され、南アメリカでインディオたちが殺され、日本人だって自らアニミズムを虐殺してきた。明治になって、それまでのアニミズムとしての神道が、国家神道になってしまう大切断があったわけだし。もう残ってるのはアラスカとかシベリア、ほんのちょっと。でも残ってることはすごく大切だよ。

skmt20020104 TOKYO@SHINJUKU

## 184　植民地

年末から年始にかけて彼は東京に滞在している。ホテル暮らし。窓辺には、最近読んだ本が並べられている。例えば『概説オーストラリア史』。「先住民のことが知りたくてさ。オーストラリアってアメリカと似てるところがあるじゃない。どういう歴史なのか調べたくて」別の本、例えばピグミーの本。『森と人の共存世界』。『砂糖の世界史』という子ども向けの本もある。「砂糖って、紅茶やコーヒーと並んで、植民地主義の代表的な商品だよね。それがどうやってつくられて自分のところにくるのか解説してある」

どこか世界に行けば、植民地主義が見えてくる。植民地主義って、まだ続いてるものなんだよ。どこかへ行くたびにひどく違和感がある。ケニアに行っても、ブラジルに行ってもね。昔から、その違和感が自分の中にあって、それは何だろうってずっと疑問に思ってた。パズルのバラバラになったピースみたいだった。まだそのピースがうまくきちんとはまったっていう感じがない。全然終わらないんだよ。

## 185　先住民であるということ

先住民たちも、若い世代が自分の先祖のコトバを新しく学び始めようという動きがあちこちで起きている。そうすると、並んでる線上というのは、僕らもあまり変わらない。そういう新しい世代と交流したいという気持ちはすごくある。僕らも昔は先住民だったけれど、そういう知恵を失ってしまった。特に環太平洋のモンゴロイドたちが、まだちょっと残っている知恵を各地から出しあって、例えば、かつての航海術をもう一度再生させたりとかね。そういう動きって素晴らしいなと思う。航海術自体は例えばポリネシアのどこかで持っていたとしても、木がないから、それはカナダの北のほうから持ってくるとか、協力しあってやろうとしてる。そこにアイヌが加わったり。そういうことって必要だ。北アメリカや南アメリカの先住民たちの、この500年にわたる収奪されてきた歴史という視点が、どんどん主流に出てこないといけないと思う。そして、収奪され、変化させられていった地域の一つとして、日本の明治維新をもう一度考えるべきだと思うし。日本人は、植民地主義の大きな動きの中で、日本人自らの手で壊すことで植民地化されるのを逃れたわけだけど、グローバルにもう一度そのことを検証しないといけない。そうしないと、自分たちが見えてこない。

skmt20020104@TOKYO

## 186　哲学の終焉／日本

80年代の「ポストモダン」は「哲学」の終焉だった。そして、90年代の最初にソ連が崩壊した時、2000年続いた「哲学」が本当に終焉してしまった。あそこで対抗思想、よって立つべき哲学が消失した。

「もぬけの殻の言説」というのがポストモダンで、その状態は新世紀になった今も続いている。メディアも教育もね。何によっても立つところがないんだから、すべてポストモダン状態になる。お笑いにしても何にしても、本当なんてないし、みんなも嘘だってわかってるけど、ただケラケラ笑ってる。からっぽ。だから、国家からすれば、バカが増えてるわけだから都合がいい。呑気というより、もっとまずい状況。戦争にしても上空1万メートルから爆弾落としたり、ミサイルでの攻撃になっていくから、どんどん生身の相手を殺すという精神的負担がとりのぞかれていく。システムどおり、マニュアルどおりに攻撃すれば、自動的に敵を制することができる。こういう思考回路の人たちが増えてると思う。どこでも、世界中で。

人間を殺しても痛さを感じない。痛いのは殺される側だけ。

何者も対抗するものがない世界っていうのが現状だよね。ブッシュの、「味方でなければ敵だ」というのは、ソ連崩壊以降続いてる、からっぽに乗っかってる。味方か敵かという、論法に乗っかっちゃうと同じことになってしまう。でも、「非戦」っていうのは、敵であることも拒否する。応戦と反戦の構造でとらえたくない。「非戦」はまださ、始まったばかりの考え方だと思う。その芽は今までの歴史の中にもあるわけだけれど、これから鍛えてゆく。鍛えるって言っても、闘争するんじゃなくて、言説化していってさ。それと自給思想。code や Artists' Power を通して、エネルギーシステムとか、地域通貨とかの具体性を通して、一歩でも近づいていきたいんだよ。

## 187　喪失感／希望の力

年末、彼に久しぶりに会った時、ニューヨークから違うところに脱出したいんだと言った。たとえ、本当は誰もが、世界中どこへ行っても逃げられないってわかっていても、喪失感はこの時代を支配している深い感情だろう。しかし、同時に、誰もが「出口」や「希望」を強く求め、さまよっている。僕は彼に喪失感と希望の力が、自身の中でどのようなバランスになっているか問う。彼は、「いや」と口ごもり、「がっかりしたっていうのが本心かな」と言った。

結局さ、僕らってある意味で、アメリカが体現してきた自由と民主主義とか、ほとんどのことをアメリカから覚えた。反戦にしたって、ロックやヒッピー、精神世界のこと、あるいは人権や社会のあり方だってね。結局、アメリカ人の「目」を通して世界を見る訓練をしてきた。ところが、それが全部嘘だってことがわかっちゃった。だからもちろん喪失感っていうのは結構大きいよね。だけど、そのまやかしのものを信じこんで生き続けるよりは、そんなものは嘘八百、幻想だってわかったほうが健康だよね。そうすると、本物を自分たちの手でつかむ以外にはないってことがわかるしさ。今僕は、喪失感と、現実への希望というのが、同じぐらい。

## 188　リレートした世界で／情報の非対称を対称に

それは誰かが指令してやっているのではないのに、リレート、つながった世界。インド、パキスタン、フィリピン、イスラエル、ソマリア……。あるいは株価の動き、為替トレード……。権力も企業もそして僕らもすべてはつなげられてゆく。誰もかもが、その世界に否応なく住む。何がどう動いていくのか。そして何が起ころうとしているのか。ウォッチすること、そしてちゃんと読み取ること。そこからしか何も始められないだろう。

相手の動きをすべて知り、こちらの動きは敵に知られないようにする。権力も企業も、誰もが情報を非対称にコントロールしてる。非対称がますます広がってるしね。アフガニスタンを爆撃することができても、じゃあワシントンDCをアフガニスタンが爆撃できるかっていうと、それはできない非対称な構造がますます固定化されている。だから、どういう理由で世の中が動いているのか、見るのがとても難しい。でも新しい動きもある。60年代には、反戦の抗議のために死んだ宗教者がいたけど、今はまったくいない。しかし、そういう中心人物がいないにもかかわらず、世界中で何十万人規模のアンチグローバリゼーションの集会の動きが広がったり。非対称の一方で、すごく新しくて、面白いことが起こり始めてると思うんだ。

## skmt20020320@NEW YORK

### 189　ニュー・ヴィレッジのためのミーティングでの発言記録より

渋谷パルコギャラリーで4月26日から5月20日まで行なう「code new village展」のためのニューヨーク・ミーティング。機関誌である『unfinished3/ new village』（カタログブック）の最終編集打ち合わせ。ノンバイオレンスTシャツ、古代米、エコバイク、紙でできた靴などのコモディティーズ（日用品）から、去年、六本木のZONEで行なったイベントPLEASEを、今回どうするか。地域通貨fewのワークショップはどうするか。会場構成を大阪のgrafの服部滋樹君と、どのように進めていくかなど、一つずつ打ち合わせてゆく。今回は、ノンバイオレンス系、エコ系、ニュー・ヴィレッジ系の三つから成るcodeスクールも計画されている。ゲストには、GRAYのTAKUROさん、辻信一さん、EIWATの柴田政明さん、A SEED JAPAN

の羽仁カンタさん、アースガーデンの南兵衛さん、そして『エレファンティズム』のスタッフなど強力。ニュー・ヴィレッジのイメージをめぐって。バラバラの地図が、モザイク状態で漂っている。一つのまとまった大きな世界や国みたいなものが中心としてあるのではなくて、漂っているものが、ある時集まるとコミュニティになる……。

ちょっと気になってさ。武者小路たちの「新しき村」の関係書も読んでみたんだけど、あれって完全に資本主義のユートピア思想、コミューン思想でさ。code が few で言ってるのとほとんど似てて、やっぱり食べ物、自然エネルギー、そして水。結局、当然のことながら、60年代のヒッピーと同じようにうまくいかなかったわけだけど。学べることが多いよね。僕は都会生まれの都会育ちだから、自然の中に放り出されたら生きていく術とか全然ないんだけど、日に日に自然に、なぜかすごく惹かれる。もう都会にいても何も刺激を受けないね。もちろん街に、会いたい人がいるってことは大切だけど、自然から受ける刺激に比べたら、都会で人間が作りだす刺激なんてつまんないものだって、本当に思うんだよ。

## 190　エレファンティズム／ボノボ／動物の教え

ミーティングの話題は、あちこちに飛ぶ。僕が、「動物の父親とかファミリーっていうものが持っている、関係づくりや倫理観には、これからの人間のお手本になるものがたくさんある」と言うと彼は、このあいだケニアで収録したばかりのＤＶＤ『エレファンティズム』の話を始める。

象というのは、寿命が長くて、へたをすると人間より長いぐらい。20年ぐらいかかってやっと成象になる。でも、40歳ぐらいまで成長し続けていく。体もどんどん大きくなってゆく。20歳ぐらいで一応、雌を求めていいことになるんだけど、実際は雄同士で闘うから、40、50歳の雄のほうが体が圧倒的にでかくて、20代では全然雌なんて得られない。すごい社会なわけ。その上、1年に3日しか発情しないから、3日しか求めちゃいけない（笑）。成長期間が長いということは、社会的行動や文化的な学習期間が長いわけで、コミュニケーション能力がすごく発達する。人間にとても近い。でも人間と違うのは、発情期を除いては、非常に平和的、暴力を排するようにできている。そのへんが『エレファンティズム』のテーマなのね。やっぱり、母系社会であることが、象の社会が平和的な社会になっている大きな鍵なんじゃないかな。それからもう一つはボノボ。チンパンジーと人間はかなり近いところがあって、結構暴力的。チンパンジーは自分のテリトリー内の食べ物を守るために、侵入者があると撃退する。他のテリトリーの雌がふらふら来ると略奪する。それから結構、楽しみのための殺しをやることも、最近ではわかってきている。それに対して、チンパンジーから枝分かれしたボノボという類人猿がいるんだけど、彼らは暴力を回避するためにセックスする。ある集団とある集団が出会うと、まずセックスをする。セックスが闘いを回避するコミュニケーションになってる。雄と雄、雌と雌の組み合わせ、集団での乱交もある。

## 191　世界の果てから

エチオピア、ソマリアに近い北ケニアにある巨大な湖、トゥルカナ湖。彼はその湖畔にステイして150万年前のホモ・エレクトゥスの骨が出てきた村へ行く。彼がそこにいると若者たちが集まってくる。その中に、片言の英語をしゃべる若者もいて、いきなり「オサマ・ビンラディンはどこにいると思うか？」と聞いてくる。エチオピアか？　それともソマリア、どう思う？　ＴＶもない前人未踏のような不毛の地でさえ、アメリカの情報が届いている。

みんなわかっているんだ。アメリカから見れば、そこは文化もないような野蛮人たちが住む場所に見えるのだろう。でも実際、民度はすっごく高い。マサイの連中もそうだけど、若い聡明なやつらがいるってほんとにいい。東京とか、都会は今やだめだけど、日本だって田舎に行けばまだまだ捨てたもんじゃない。田舎はいいよ、オルタナはいいよ、ちゃんと世界の果てから感じてる。

## 192　それを見ること

僕は彼にアニエス・ヴァルダの『落穂拾い』（２０００）の話をする。フランスを舞台にした「拾って食べている」人々のドキュメンタリー。ラヴリーな映画であると同時に、食べ物における世界の非対称を自らフィールドワークし、カメラに収めていく。ヴァルダはこう言う。「私が映画をつくることで一番学んでいることは、自分が謙虚になること」だと。非戦、つまり戦わないことを学ぶにおいても、互いをリスペクトし、自ら謙虚でなければありえないと僕は彼に言う。

最終的にはエゴだね。ブッダが言ってたけど、人間の中で一番最後に残る悪い部分って、やっぱり妬みや嫉妬。貧乏は耐えられる。拷問すら耐えられる。暴力も耐えられる。だけど誇りが傷つけられたらもう耐えられない。それだけ自分がかわいい動物なんだね、人間は。エゴから脱却するには、気がついていたって訓練しないとできない。一番いいのは動物を見ること。アフリカでは、ヌーがくわえられてバリバリ食べられたりする。それがいいとか悪いとか、どういう意味があるとか、そんなことすらどうでもいいんでさ。例えば、それを見ることがとても大事。

skmt20020729@TOKYO

## 193　イシュマエル／ゴリラの教え

彼が最近、会う人ごと薦める本がある。もう自分で10冊ぐらい買って、人にあげただろうか。その本は『イシュマエル』というタイトルの小説、著者はダニエル・クイン。彼はその本を知り合いに薦められ買った。気がついてみると、環境系のサイトのリコメンデーションに、ある時から必ず入っている本だった。赤ワインを飲みながら、彼はその本の面白さを語り始める。

それはね、言葉を喋れるようになった年老いたゴリラが、新聞広告を出して、世界を救うための生徒を募集するところから始まるんだ。そんなこととは知らない主人公の男が、なんだろうと思って行くと、そこにはゴリラがいて、僕たち人間の文化や文明が、どういうものかを問い、導いていくという物語……。

ゴリラは答えを先に言わない。物語の中の主人公は、実は「僕ら」だ。そう、この本を読む「僕ら」。読者である「僕ら」は、物語の中の、ゴリラと生徒の対話を追体験してゆくことで、自分自身の意識の中に、潜在的に知っているさまざまなことを「自覚」してゆく。ゴリラはそれを導くための先生として現われる。

例えばいつごろ、いかにして、今のような自然や世界を征服するという文明が始まったのか。それに対して、征服される側の動物や自然、あるいは先住民たちの文明、文化ってものがあるということ。そして、どう考えていけば、今、危機に瀕している世界が救われるのか。今の経済や農業、宗教などが、どのようなものに支えられてできあがってきたのか。ゴリラは対話形式で質問しながら、読む者に考えさせてくれるんだ。

彼がとりわけ驚いたことがある。数百万年も狩猟採集で暮らしてきた人間の先祖たちが、突然1万年ぐらい前に農耕を始めた。それが原因の一つとなって自然の形を変えることが始まり、環境破壊につながっていったということは、今までも、いろいろなところで言われてきた。しかし、彼がこの本を面白いと思ったのは、それを聖書の「創世記」の部分と結びつけて書いているということだった。

みんなも気がついているかもしれないけど、聖書に書かれている人は皆、神の命令にそむいた者たちばかり。ユダヤの民も、アダムも、その息子のアベルとカインたちもね。アダムが食べたリンゴに象徴されてる知識が何の知識だったのか。いろんな説があるけど、明確なことは歴史の中で言われてない。アベルとカインの兄弟殺しにしても、狩猟採集民と農耕民を象徴してるのではないかとかね。西洋の根幹であるユダヤ・キリスト教問題、自然征服の起源、そしてアメリカに渡り先住民を殺した人たち、それらがつながって書かれている。読んだ時、そのことがとてもショックだった。食糧の蓄積が人口爆発を引き起こしていくわけだけれど、かたや狩猟採集の人たちもいたわけだから。征服しようとする人たちのすぐ隣には、違う考え、違う生活の仕方で生きてきた人たちや方法がたくさん存在したんだよね。

## 194　スーザン・ソンタグの『In America』／平易さをめぐって

この秋から、ヨーロッパでスタートする『CASA』のツアーのプロモーションのために、彼はロンドン、リスボン、ミラノをまわった。ちょうどミラノでは、本のフェスティヴァル「ラ・ミラネジアーナ」があり、参加することになった。これは何夜も続く長いイヴェントで、初日がスーザン・ソンタグによる自作の朗読。2日目が、映画監督のベルトルッチと彼のコラボレーション、その他、ウンベルト・エーコが顔を見せるなど、多彩な顔ぶれが一堂に会するものだった（結局、ベルトルッチは、自作映画の制作の問題で出演できず、本来は別の日に予定されていたセツコ・バルテュス――画家の故バルテュス夫人――とのコラボレーションとなった）。その初日のソンタグを、彼は見に行った。

２０００年に出版された小説『In America』の中から抜粋したものを彼女は淡々と朗読してたの。それはポーランドからアメリカに移民してくる人の話。僕はその小説を読んでなかったけど、聞いていて、かなり面白かったのね。ソンタグというと、評論がメインで、とても難しいっていう印象があると思うんだけど、語り口が平易で、すごく淡々としてる。その小説の中に、ポーランド移民と、もっと以前に移民してきた「アメリカ人」との会話があってさ、それは普通の庶民の会話なんだけど、実は核心をついたものなんだよ。つまり「移民の国、アメリカ」ってこと。アメリカの本質っていうのは、全員移民ってことだよね。ヨーロッパから脱出してきて、いかにして、ヨーロッパ人であることをやめるか。旧体制、古い権威、伝統や宗教……。それに縛られてる人間はなんと不自由か。それを断ち切って人間が自由になる。それはかつて映画『ベルリン・天使の詩』でヴィム・ヴェンダースがテーマにしたことでもあるわけだけど、みんなそう思ってるわけだよ。アメリカに来て、初めて人間になるんだと、自由っていうのはアメリカにあるんだって。そんな会話が出てきたりする。この小説自体は9・11以前に書かれたものだけど、アメリカの本質をついていて、なおかつ非常に平易な語り口で書かれているその表現の仕方がすごいと思った。まだ何も始まっていないんだけど、その時、次の自分のソロアルバムの大きなヒントになりそうだなって思ったのね……。

彼が自分が創る音楽の予感についてしゃべることはきわめて珍しいことだ。ゆるやかだけれど、大きな変化が動き始めているのを、僕は彼の話に感じる。

この五年、いやもっとかな、ずっとクラシック的なスタイルを使って音楽の表現をしてたと思うんだよね。それは、自分の大きなルーツの一つでもあるし、自分が表現しやすいスタイルだった。それに、クラシカルなスタイルのほうが、より語れる間口が広いような気がしてたしね。確かに僕にとってはそうなんだけど、ちょっと聞いてクラシックに聞こえちゃうと耳を閉じてしまう人はまだ多くて、僕が「狭い」と思ってるポップなスタイルのもののほうが実は間口が広くなるってことを最近になって自覚しちゃって（笑）。でも、それはクラシックとかポップスとかっていうんじゃなくてね。「平易であること」に気づいたってこと。予感っていうのかな。だから、『イシュマエル』という本が子どもでも読めるというものだったり、僕らが今つくろうとしている「Artists' Power」の活動もやっぱり見え方として、かっこよかったりするほうがいいとか、ほとんど関係してると思う。環境にしても、自然エネルギーにしても、内容の正しさだけ言うならば、僕らがいまさら言う必要はないけど、やっぱり役割っていうのはあるわけでしょ。「見せ方」っていうと、単に表面的なスタイルのことだと捉えられがちだけど、実はそうじゃなくて、「その方法」で初めてつながることがあるかもしれない。いかに正しいことを書いても、つながらないとコミュニケーションできない。結構そこが大事だって思い始めてるんだよね。

## skmt20020917　NY⇔TOKYO

### 195　メール・インタヴュー／9・11／非戦／自然エネルギー／ワールドツアー

Q　9・11から一年が経ちました。9・11の日にはどこにいて何をしていましたか？

A　その日は『CASA』の欧米ツアーの一環で、ニューヨークのJoe's Pubというクラブで、10日から13日まで毎晩2回公演でした。

9月11日にジョビンの美しい音楽を奏でるというのも、偶然とは言えない思いでした。もちろん、僕たちはステージの上から政治的な言葉は話さず、いつものように淡々と演奏したのですが、ただバンド全員胸に、非暴力を表わす白いリボンのバッジを付けました。演奏は、話した人たちからは、こんな時期だから特に感動したとか、9・11の事態はひどかったけれど、夜こんな美しい音楽を聴いて救われた、というような意見が聞かれました。

Q　その時、何を考えていたのでしょうか?

A　見るとヘドが出るのでテレビは見なかった。９・11の『The New York Times』だけは買ってある。

スーザン・ソンタグがOp-Edに出ていたのには、少しおやっと思ったが、内容はあまり過激なものではなかった。

特に９・11の日に考えることは何もなかった。というのも、２００１年の９・11以降のアメリカと、それに影響を受けた世界の動きが、９・11の衝撃をおとしめてしまった。あの９・11の日の時点では、まだアメリカの自由と民主主義を少しは信じていたような気がするが、その幻想はこの一年で消し飛んでしまった。

こんな国に住んでいるだけで、身体が悪くなりそうだ。

しかし、どこに行ったらいいかわからない。

どこに行くか、２００１年の９・11以降考えてきたが、いまだに決まらない。

Q　『非戦』の出版から一年を振り返ってみて、世界はどのように変化していると考えていますか？　また、自分自身は、そのような流れの中で、どのように生きていこうと考えていますか？　自分の中で変化したことはありますか？

A　自分としては『非戦』で言うことは言ったという気持ちだ。もちろん『非戦』を出した後も、世界は日々激動している。勝ったつもりのアフガニスタンも明日にもどうなるかわからない。だいたい、アフガニスタン「戦争」で米英は勝ったと言えるのか。

9・11が僕たちにはっきりさせてくれたことは、90年代にソ連が崩壊し冷戦が終わった後の世界の構造だった。不覚にも、僕を含めて世界の多くの人々は東西の対立がなくなったことを祝福したのだったが、それがアメリカ「帝国」の世界支配の本格化だったことに注意を怠っていた。

フリーマン・ダイソンによれば、歴史的に「帝国」は150年の寿命があるという。古矢旬氏などによれば、アメリカ「帝国」はほぼ20世紀初めに成立したから、おそらく2050年ぐらいまでアメリカの覇権が続くのだろう。その後世界はどうなるのか。いや、そもそも世界はそこまでもつだろうか？

Q　では次に、「エネルギー的な自立」について質問させてください。もちろんこのことは9・11によって加速されている判断でもあると思いますが、例えば、今、「Artists' Power」のようにアーティストが自らの手でエネルギーをとらえていこうという動きがあります。まず、アーティストがこの時代になすべきミッションについてどのように考えてますか？

A　アーティストには本来、「……すべきミッション」などないと思います。それぞれのアーティストがどう考えるかは自由ですから、あるアーティストが何かをミッションとする自由もあります。

僕自身は、何かを自分のミッションとして意識したことはありません。自分が何かをやるのはいつもただ、それがしたいから、としか言いようがありません。「地雷」にしろ、「自然エネルギー」にしろ、僕はそれを「アーティスト」としてやっているわけではなくて、僕が仮にどんな職業をやっていたとしても、やっただろうとしか言えません。

それを前提に言えば、ありふれているけれど、僕はアーティストってのは、「坑道のカナリア」だと思う。危険や予兆の変化を察知する能力は高い人間が多いと思う。そういう環境に暮らしているからかもしれない。だから何だ？　ということも言える。

僕はアーティストが特権的な人間だとも思えないし、社会的問題からアートに逃避していいとは思わない。

同時に、矛盾するようだが、アーティストは自分のアートがすべてであるので、社会的に発言するとか行動することに特別な意味があるとも思えない。

僕は、自分がそういう行動をするからといって、自分を特権視したこともないし、するつもりは微塵もない。

Q　そうすると、「エネルギー支配」に対するものとしての「自然エネルギー」運動についてどのような見通しをもっていますか？

A　エネルギー・食・水など、地域や国単位で自立することが、今、緊急の課題だと思います。

グローバリゼーションに対抗する真に過激な思想は今「自給」だと思います。そして「自給」などは本来「過激な思想だ」などと言わずとも、世界のどこでも何千年、何万年と行なわれていたことです。そんなことを「思想」だなどと言わざるをえない今の状況が狂っているのです。

Q　ところで、今行なっている『CASA』のワールドツアーについて聞かせてください。ブラジルは結局、行くことになりました？

A　去年日本で出た『CASA』の海外版が一年遅れでやっと欧米などで出ることになった。アメリカを皮切りに9月からツアーを始めた。サンフランシスコ、ロスアンジエルス、シカゴ、ニューヨークときて、9月16日からヨーロッパ。

本来、ブラジルから始めるつもりだったのだが、ブラジル経済が不安定なことから、うまくツアーをセッティングできなかった。残念だ。できたらぜひ来年にでもブラジルやその他の南米の国にも行きたい。

しかし、いくら愛するジョビンの音楽とはいえ、毎日毎日何十回も弾いていれば飽きてくる。欲求不満がたまってくる。これはいい兆候だと思う。この不満が次の制作へのエネルギーになる。

いくらジョビンが、同じ「家系」とはいえ、僕とは違う。違いがだんだん明確になってくる。ということは、自分が好きなことがより鮮明に見えてくるということです。

そういう意味では、これはいい修業。

Q　じゃあ、最近関心が高いことって何？

A　今、関心があるのは、ホモ・サピエンスが農耕を始めたことによる変化。仮に僕たちホモ・サピエンスが20万年前に誕生したとすると（諸説ある）、およそ19万年ぐらいは大きな変化もなく基本的には狩猟採集（食糧収奪）民として暮らしてきた。そしておよそ1万年前に農業（食糧生産）という技術を手に入れ、自分たちの生活だけでなく環境さえも激変させてきた。われわれはまだその過程の中にいる。
およそ1万年前に何が起こったのかが知りたい。

DNA的には同じホモ・サピエンスなのに、まったく異なる生物であるかのような暮らしぶりの変化が、なぜ起こったのか。そこで何が起こったのか。農業によって何が変わったのか、それが知りたい。もっと言えば、農業以前のわれわれの先祖が何を感じ、どう暮らし、何を思っていたのかを知りたい。

それとの関連で、おそらくホモ・サピエンスは数万年前には楽器をもっていたのだが（たぶん動物の骨に穴を開けた笛）、音楽がどのように進化してきたのか知りたい。きっと先史時代人たちは、自然の中で非日常的な音現象をたくさん知っていたと思う。それらは呪術的な特別な意味をもっていただろう。音に吉兆を読み取っていたかもしれない。動物を見るまでもなく、音には敏感だったはずだ。

そこから音を出すための楽器をつくるために、どういう変化が起こったのか、そしてその変化はその人間が住む社会のどういう変化によるものだったのか。音楽の変化は必ず人間の意識と社会の変化を伴う、もしくはその結果だろうからです。

skmt20021027@TOKYO SHINJUKU

## 196　父の死

2002年9月28日、父・坂本一亀死去、享年80歳だった。葬儀は、身内だけで密葬として行なわれた。

彼は、父が息を引き取った時、ワールドツアーの旅の途中で、ブリュッセルからパリへ向かうバスの中で寝ていた。現地時間の朝4時半頃スタッフに起こされ、父が亡くなったことを告げられたという。

坂本一亀は、河出書房の編集者として、「書き下ろし長編小説シリーズ」や「現代日本小説体系」の企画編集にたずさわり、三島由紀夫に『仮面の告白』、野間宏には『真空地帯』などを書かしめるなど、戦後文学シーンにおいて辣腕を発揮した。たび重なる河出の倒産劇はあったものの、雑誌『文藝』を復刊し、編集長を務め、高橋和巳、後藤明生、黒井千次、辻邦生、丸谷才一、小田実ら多くの才能を世に輩出したことは、特筆されなくてはならない。坂本一亀がいなければ、戦後文学の流れ、形は明らかに違ったものになっていただろう。

多忙な編集者の父はあまり家にいなかった。たとえいても、「怖くて話のできない」存在だった。「父とまともに話をしたことがないのが悔やまれる」と彼は語った。

## 197　ジョビン／深度／悟り／ポエジア

ツアーの途上、彼はかつてない音楽体験をすることになった。それは、実はこの数年来でもっとも大きな経験かもしれない。

いくら愛してるジョビンの曲とはいえ、毎晩のように同じ曲をやるのは結構飽きてたんだよね。ところがニューヨークが終わってロンドンへ行って演奏した時、なんだろうな、音楽の理解というよりかは、自分が潜在的に持っている音楽的な「感情の深さ」、「深度」がガクッと深まる経験があったんだよね。見えてなかったものが、ある日の公演の中で開眼するというか、ガクッと深まる。それがまたしばらく続いてまたどこかでガクッと深まるのが3段階ぐらいあった。底なし沼みたいに。なんていうかな……。「悟り」に近いんだろうね。「悟り」という瞬間があってさ、それ以前も以降も世界は変わらないんだけど、見方が変わるわけでしょ。同じように存在してても、違う理解に到る。例えば、ジョビンという「物体」があるとしたら、重さはこれぐらいで色は何色とか理解してるわけだよね。ところが、バーンと手を打たれて突然世界が悟り開くみたいに、演奏してる時にそういう瞬間がくる。そうするともう、同じ「物体」なのに違うものに見える。その経験のつどに、どんどん深くなっていく気がして、ぞっとする感じさえある。ひょっとしたら、ステージが終わったら消えちゃうんじゃないか、明日になったら忘れちゃうんじゃないかと注意深く自己観察したんだけど、保ってるんだよ。そして、そのまま次の段階にポンと行く。

もう、去年1月にリオのジョビン邸で録音した時とも、去年8月に日本で『CASA』ツアーをやった時ともまるで違う音楽になっているんだとも彼は言った。「同じ音楽をやっていながら、同じなのにまるで違うものになっている」と言った。そのような「深度」の経験のためにはやる側の「深度」もさることながら、深度を持った音楽でなければならないだろう。

そのようなことを経験ができる音楽がね、古典というものの条件だと思う。ジャックも僕も確信したんだけど、ジョビンの音楽というのは、たった今「古典になろうとしてる過程にある音楽」なんだ。シューベルトの歌曲や、シューマンやドビュッシーの音楽と同じような存在になろうとしていて、僕らはそれにつきあってるってね。

マドリッドやローマでの反応はひときわすごかったという。マドリッドのライヴに映画監督のペドロ・アルモドバルが見に来ていて、終演後、チェロのジャック・モレレンバウムとちょっとした論争になったという。

アルモドバル「坂本のピアノは不思議だ。音が結晶、クリスタルのようだ」

ジャック「そうだ、坂本の音は透明なんだよ」

アルモドバル「いや、違うんだ。透明じゃなくて、結晶なんだよ」

確実に彼の音楽は次の次元、別の次元へ行こうとしている。それはどのような世界なのだろう?

ジョビンの音楽のその音でできることって、全部わかったつもりになってた。でも実はちょっと向こうにいるんだよね。なんだろうな、目指してるところ。少し象徴的に言うと、音で詩をつくるみたいにさ、ドビュッシーがマラルメみたいなことを音でやったらどうなるかって。ポエジアだよね。だから僕は今まで音楽という枠にとらわれてた。でも、ジョビンの体験で、あるひとつひとつの和音のつながりというものは、すでにあったものだったりする。だけど、シュールレアリスムじゃないけど、まだ発見というか、まだ向こうがあるってことが見えてきたっていうか……。

「難しいけどね……」と彼は言ったが、それはとても楽しいことの始まりに思えた。

## 198　鳥人

「最近いろいろおもいつきで思うんだけどさ……」。彼は、なんだかいろんなことがふっ切れたような顔をし、少し微笑みながら言う。

偶然テレビで画家のミロをやってる番組を見たんです。彼はとっても鳥が好きで、たくさん描いた。ジョビンも鳥好きでしょ。鳥っていうのは、象徴的にも重要だと思うんです、だって飛ぶでしょ（笑）。鳥以外の動物や僕たちはさ、全部が「重力」に縛られてる。『重力の虹』じゃなくて、「重力の奴隷」。だから、物を作るってことは、束縛から自由になるということだから、鳥に対する憧れと結びつく。武満さんは死ぬ前に、鯨に憧れたけど、ミロやジョビン、それからピカソやメシアンなんかは鳥だった。そんなことを考えてたら、ものをつくる人間にとって、鳥っていうのはとても重要なアイテムに思えてきた。鳥の人っていうか、鳥人。そんなことを何となく思ってる。でも、それをどういう音にしたらいいのか、まだ全然わからないんだけどさ（笑）。

## 199 会話から

僕は彼に、code が昨年大阪で graf のメンバーと一緒にやった「バスツアー」の時の経験談をしゃべる（詳しくは拙著『スキスキ帖』参照のこと）。それは赤熊自然農園というところに行った時の話で、農薬はもちろんのこと、有機肥料も一切使わず、地の滋味だけで育てあげたナスやキュウリなど、野菜が、あるがままの力にそってできあがってゆくカタチや色を見た時の感動、発見。まわりの森や土地の自然の色から人工的に突出せず、馴染むような色にしてあげてゆくことの正しさ、見事さ。そうやってできあがってゆく野菜の色やカタチには、「力」を与えるということの秘密があると思う。そして、それは、「詩、ポエジー」という力にもつながるだろうし、カンディンスキーやクレーたちが気づいた「造形」というアートに力を与える視点にもつながってゆく。その上、その自然農園では、知的障害者の子どもたちのための体験農園も行なっていて、自然の力と、人間の中に封じ込められた潜在的力を同期させてゆくことで、新たな可能性の芽を開かせようとしていたことを告げた。僕たちの頭の中にあったのは、ポエジーの力のことだった。そうそう。最近よく考えるんだけどさと言って、僕の話を受けて、音楽についての話を始めた。

「人間が何かをつくる」って言うけど、その野菜にしても、極論すればさ、人間は何もつくってないんだよね。自然にあるものの形をただ変えているだけであって、たとえ家を建てたとしても、やっぱり自然にあるマテリアル、自然界に存在している物質の存在を変えただけでしょ。ほんとに、人間がつくっているものなんてないんじゃないの？　逆につくっているものがあるとすれば何だろう。そのことで言えばさ、音楽っていうのはかなり抽象度が高くて、自然界には存在していない。もちろん音は自然界に存在してるけど。

じゃあまたその逆に鳥は？

人間がつくる音楽に一番近いものをつくっているのは鳥なんだよね。鳥だけは歌うことができるから。ニューヨークの家も、都会の庭だけど、鳥がすごくいっぱい来るよ。やっぱり鳥は音楽がわかるのかな。ジョビンのところでピアノを弾いた時、ほんとにたくさんの鳥が寄ってきたよね。

## 200　ポエジアへ①

クレーやカンディンスキーやターナーたちは、モダンであると同時に、詩の力についてよく了解していた。いや、イタリアなどヨーロッパの巨匠たちが歩んできた道は、アリストテレス以来の形而上学と詩学の二大学問の流れがずっとつながり、できあったものなのだろう。「今さら何言ってんのって感じかもしれないけど」と彼は笑いながら言う。

やっぱり僕は、ヨーロッパの詩学の原点というのは、ギリシア神話のような気がする。ギリシア悲劇。オイディプスが、ヨーロッパの詩の原点じゃないかな。だからね、ここのところずっと、ソポクレスの『オイディプス王』を読んだりしてる。ドゥルーズだって、オイディプスと資本主義のことについての本を書いてるぐらいだし、やっぱりいろんな意味で、原点かなって思う。もちろん、東洋の詩はまた違うわけなんだけど。でも、今の世界の混乱は、その根っこにオイディプスのことがあるような気がする。アメリカの問題というのは、オイディプスのことだと思う。エディプス・コンプレックスね。ヨーロッパが父親、そしてアメリカが子どもなんです。だから、父親殺しなのね。アメリカの病理っていうのはエディプス・コンプレックスというところにあると思う。

## skmt20030107@TOKYO

### 201　ポエジアへ②

新年。彼が東京で常宿しているホテルの部屋に行く。本や資料、コンピュータ、まったく仕事場と化している。TVはBBCワールドがつけっぱなし。でも、机の上に積み上げられている本はどれも詩に関係したものばかり。田村隆一や谷川俊太郎もあれば、フランス現代詩アンソロジーや、戦後詩を編集したものもある。マラルメの初期詩集をめぐる会話。そして——。

だけどさ、僕が思う詩っていうものとは、どの詩も何か違うんだよ。詩というものを今、誰が書いているんだろう。わからないんだよ。誰が書いているか。

彼は今、締め切りを設けないで、新しいアルバム制作の準備にかかっている。どんなテーマ、どんな音楽に辿り着くのか。その行方は本人にも定かではない。いや、その行方を今は定めず、漂っていることを、彼は楽しんでいるようなところもある。その日の会話は、インタヴューというより、詩をめぐるミーティングのようだった。そして、前回に続き、オイディプスの話から始まる。

このあいだ、僕の考えた詩の原型って、ギリシア悲劇みたいなものなんだよって言ったよね。「人生の宿命」って言うとちょっと古臭いコトバだけどさ、一番わかりやすいのは、オイディプス。自分が生まれた出自を知らないまま、母と結婚し、自分の父を殺し、挙げ句の果てには失明してさまよっていくという。しかも、その運命が予言されていてさ。でも、そういう「小さなオイディプス」みたいな事件が、僕らの日常の中にも実はたくさんあるわけでしょ。で、そういうものを取り出してきたものを、あえて詩と言うなら、例えば、それを映画にするということもできる。ベルトルッチの『ラストタンゴ・イン・パリ』とか、ああいうものになると思うんだよね。ベルトルッチの映画には、二つの大きな流れがあって、非常に大きな歴史的なモチーフを扱ったものと、逆に、すごく個人的でインティメイトな世界を扱うものがあるんだけど、実はその二つは、歴史においても、人生においても、「大きな流転」ということにおいては、とても似てる。その構造を持つものの端的なものが、僕はオイディプスだと思っていて、それが僕にとっての「詩の原型」だとずっと思っているんですよ。だけど、そういう話をね、誰が書いているんだろう（笑）。僕もあんまり詩を読んでこなかったから、わからないよ。

「小説」というものは、神の物語の流産、そして小さな反復から始まったものだ。人間の想像力は無限の小説、物語をつくりえるように見え、実は、世界中の民話・神話の中に、そのすべての原型は含まれているのかもしれない。

絶対そうだと思うよ。ユングもそう考えてたのかもしれないけど、民族とかたくさんの人間たちの集合意識の原型というのは、神話の中にあるでしょう。それが一番芸術という形に昇華されているのが、オイディプスじゃないかと僕は感じる。何の根拠もないけどさ（笑）。生きていくことのちぐはぐっていうのが、みんなあるわけじゃない。それを詩だと思っているのね、僕はね。

それから彼は抑留体験など、歴史の中で、人間の愚かさや悲劇に否応なく巻き込まれた詩人たちの名をあげ、しかし、それらには、「詩が感じられない」と言った。そして、自身も詩人であるベルトルッチの詩、詩人であったベルトルッチの父、そして父の親友でもあったパゾリーニの詩集の話になったが、彼らの詩に対しても、「やっぱり違うんだよね」と言った。

なぜそんなことを言い出したかというと、結局、ジョビンの音楽の中にある詩、いや、彼の場合、音楽そのものが詩なんだけど、結局それも詩人だったモラエスとの共同作業の中で生まれてきたわけだけど。それと同じことが、例えばドビュッシーなんかでもマラルメの詩とのあいだにある。あるコトバがあったとして、そのコトバにメロディをつけて即物的に歌うだけじゃなくて、メロディをつけることで、そのコトバに詩的な広がりを表わせるわけだよね。それはジョビンもさ、ドビュッシーもやっている。結局ね、そういうつくり方って、映画のサントラみたいなものなんだ。「詩のサントラ』。コトバが持ってる世界をなぞるんではなしに、そのコトバ自身でさえ表わしえないような広がりがつくり出せるか。かつてベルトルッチと仕事をした時、彼は「輪廻」の曲をつくれって言った。でもそんな抽象的なことをどうするんだと（笑）。でも、考えてみるとさ、ジョビンもそれをやったし、ドビュッシーもシューマンも歌曲でそれをやっている。シェーンベルクだって、メーテルリンクの物語に音楽をつけたりさ。今、僕もそういう対象を探してるんです。「輪廻」ってひとつのコトバが与えられた時に、「輪廻」が表わしてる世界観をどうやって表現するか。表現の仕方はたくさんあるわけだし、手法としてテクノなのかもしれないしさ（笑）。

## 202　詩のためのランダムなメモ

その時、彼と交わした詩についての会話の断片たちを拾い書きする。

フェルナンド・ペソアのこと——彼の詩集はジョビンの家を訪れた時、何冊もあった。ペソアはいくつもの異名があった。ヴェンダースが『リスボン物語』でとりあげていた。

(あの人は、ポルトガルの国王と同じ墓地の領内に入っているんじゃなかったっけ)

(カエターノ・ヴェローゾも曲を捧げてるよ)

鷲巣繁男は？　ちがうかな？

西脇順三郎ではないね。

(フランスはやっぱり、ローマ帝国内の後進国だからさ、詩に関しては難しいんじゃないかな。時間的に千年以上遅れて花咲いた文化でしょう。だから、何重にもねじれてるもの。僕らはフランス文化がヨーロッパの中心だって思いがちだけど、そうじゃない。そこから詩に出会えるかな？)

ケルトのこと――ケルトは本当に面白い(このあいだ、マドリッドの空港に行った時、空港にあるＣＤ屋で、ケルト音楽がかかっているんだよ。売り子の兄ちゃんに「これはアイリッシュだよね」って言ったら、「違うよ、これはスペインのケルトだ」って。ルーマニア、バルカンにも、いまだに厳然とケルトが残っている)。

(陰陽みたいな渦って、世界中に散らばってったんだよね)

(話は飛ぶけど、年始にテレビを見てたら、驚くべきことに、新羅って一番極東のローマ文明だったらしい。中国によって占領され、仏教が持ち込まれる前にはローマ文明だった。北のモンゴル経由のシルクロードを通じて伝えられたらしい。青いガラスとか、冠とか、出土されるものはローマのもの。それが日本にまで渡ってきた。でも、中国に支配されてから全部消えてしまう。シルクロードも中国を通ると変わっちゃう)

(うーん、そうかー、民族の詩人か……。中国は? わかりにくいのかな?)

(日本は「記紀」か、禅か)

(アイヌのアニミズムは? 伊福部さんの言ってるラキツ体。アイヌの神謡の中に入っているものは？　万葉は？）

（『アルブキウス』を書いたパスカル・キニャールは？　失われた「最初の小説家」の物語は？　あるいは、『レクイエム』とか『逆さまゲーム』を書いたアントニオ・タブッキは？　彼はイタリア人であり、妻がポルトガル出身ということもあって、ラテンの詩について語ることができるのでは？）

「ランボーとかは？」「もちろんギリシャ悲劇とかも、彼の体の中に入り込んでいるんだろうけど、切れちゃうね。その切れちゃうところがよかったわけだけど」「それが翻訳されて日本に入ってくる。歴史の中の後進国から後進国へ」「つながらないから、それはそれでまた、面白いものが出てくるんだけれど」「アメリカもね。いや、アメリカだけじゃなくて、もう、今やすべての国がそうなっちゃってるんじゃないかな……」

（亡命者の詩は？）

ヨーロッパ人というのは、ギリシャ／ローマの文明からいかに離れるかということが、何百年、何千年と大きな課題だった。だから、アメリカ人のことを、「嫌いなのに好き」なのだ。憧れすらあるだろう、たとえて言えば、ヴィム・ヴェンダースみたいに。逆に、ギリシャ／ローマではなく、東洋へ向かった人もいる。例えばゲーリー・スナイダーや、アレン・ギンズバーグみたいな……。

（エズラ・パウンドの『キャントーズ』っていうのもあったね）


「北園克衛は詩としては好きなんだけど、音楽にはなりにくいよね」

「それに慟哭とか詠嘆とかないから。オイディプスとかにも、血の涙みたいなことがあるもん」

「生身の血がね」

「目を潰したりするわけだものね」

「でもどうなんだろ。僕らは神は死んだって宣言するところから始めたんだろうけど、ほんとうにそういうことだったんだろうか」

（例えばミャオ族とか、水や風や光。少数民族の民話の中にある詩的な力は？）

（ストラヴィンスキー／バルトーク。バルトークの音楽は非常に魅力的だけど……）

ゴヤのこと――あんなカトリックの総本山のスペインにいながらさ、ギリシャ／ローマ的とは言わないけれど、だけどあの「巨人」の絵なんてさ、ポセイドンみたいなものを連想させる。子どもを食べたりとかさ。何かゴヤには発見できるものがあるような気がする。

ゲーテ、クレー、ヘッセ――イタリア紀行の秘密。スーザン・ソンタグの歴史小説『火山に恋して』もしかり。それから、ヨシフ・ブロツキーの『ヴェネツィア』も。あの中にソンタグとパウンドの奥さんの話が出てきたっけ。

ブロツキー、さかのぼってマヤコフスキー、フレーブニコフ……。

（ボルヘスはどうなの？）

（食事をしながらの会話――ローマの中にヒンズーの影響がある。凄く影響されてるんだって話を聞いたことがあるよ。ローマン・カトリックの中にさえヒンズーの影響が入ってるって。誰も言わないんだけど、オペラをやった時、《グレゴリアン・チャント》のスタディをして、「コラール」とかつくったでしょ。あとで、イタリア人の作曲家に指摘された。ヒンズーの多神教世界がチャントの中に入ってゆく。インドの祝詞みたいなものとかさ。アレクサンダーがインドに攻めた時に持ち帰ってきたりね――）

サーカスについて――サーカスの中に断片化された文明のカケラが沈澱してるんじゃないかな？　バルタバス／サーカスにはさ、必ず「見世物小屋」がついていて、フリークスたちや異形の者が、見世物になっていく／殺戮されたクロマニヨン人とか、ネアンデルタール人たちの遺伝子／アポリネール、ボードレール、サティたちの嗅覚……。

（ジプシーの音楽の中にあるもの／原インド／侵略によって、かえってヨーロッパ中に広がってゆく／スペインのフラメンコやアイルランドの音楽にまで／剥奪され、断片化してゆきながら、しかし成長していったポエジーの流れ……）

「武満さんは？」「基本はデュシャンとかケージとかだよね」「禅っぽいか。チャンスオペレーション」「ケージ経由での東洋的なものかな」

「昨日テレビ見た？　井上有一のドキュメント番組」

「見た見た！　愚徹愚徹愚徹、ぐってつ、ぐってつって言いながら字を書いてた。サイコー」。

「〝仏〟っていう字が人と陰陽の渦巻きのカタチになっててさ、ケルトなんだよね」。

「あれはほんとうにすごい」

「あと、塔っていう字を下から書いていって、積み上げるとか。本当に書道やりたくなっちゃうね」

（司馬遼太郎の『大徳寺散歩』とか、『近江散歩・奈良散歩』とかの話。大燈国師の書、文字……。「僕、昔、『街道をゆく』、全巻読んだことあるよ。好きだったな」）

（長谷川等伯、スッゴイよね）

「やっぱり、戦国時代に戦争であれだけの数の人が殺され、焼かれてゆく。人間とか、子どもたち。長谷川等伯は見たんだろうね、ちょうど戦国時代だから。先生をやっていた井上有一が、自分の学校の子どもたちが死ぬのを見たように。でも、井上有一は無常観に見えて、無常ではない気がする。哀れではなく、もっと野太いものがある。あれは貴重だと思うね」

「あれが詩かもしれないね」

「そうかもしれない。あれはね、音楽になるね。井上有一や等伯っていうのは。やりがいがあるんですよ」

江戸に描かれた「波濤図」の話、ケルトのこと、井上有一の「仏」の字のこと。「強く大きなものによって蹴散らされてしまう小さなものの力」「それらを最初に描いたのは、宗達。子犬の無邪気、魂の純真」「サティとか、モネに通じるね」

「僕たちがまず思い浮かべる日本って大和の日本だけどさ、松江とかにツアーで行った時、独特の空気が流れていて、行ったとたんにびっくりした。不思議なところだった」「ラフカディオ・ハーンが辿り着いたところ。行くべき人が行った、流転流浪の果て」「多神教の嗅覚——」

（ハーン、折口信夫の『死者の書』のこと。古仏のアシンメトリーのこと。再び司馬遼太郎の琵琶湖周辺の旅のこと。織田信長。「長政の頭蓋骨で酒を飲ませた」「ドクロ杯」「信長の血というのはどこから来たものだろう。先にも後にもないんじゃない。信長が着てた鎧は、イタリア製だった」。黒澤明、花田清輝、長谷川四郎……）

彼は大きな写真集を取り出す。それは広河隆一の撮ったパレスチナの2巻本の写真集、『写真記録「パレスチナ」（第1巻「激動の中東の35年」、第2巻「消えた村と家族」）』。「政治とアート。本人はある種のドキュメント、記録としてアプローチしているんだけど、風景の写真はすっごくいい。これこそアートですよ」。戦争によって廃墟になった場所、土地に刻み込まれた戦争の痕跡が撮られている。応仁の乱や戦国時代も、モンゴル帝国も、インカ侵略も、ヴェトナム戦争も、人類の歴史はこのような風景を次々に生み出してきた。

「見てよ。この壁の痕跡なんて、井上有一だよ」

ニルヴァーナのカート・コバーンのこと――「今生きてる人で、ジョビン以外で誰かいるのかな？」

「もちろん詩に曲をつけてる人はいるけど。そう、ニルヴァーナはすごいな。カート・コバーンの詩も曲もすごい。めちゃめちゃ天才！　ニルヴァーナの1枚目は革命的。あれは本当にセックス・ピストルズなんかより全然すごい」

(そのあと、カート・コバーンの詩、造語の話。P・J・ハーヴェイと古代ドルイド教、etc.……)

「誰か詩を書いてほしい、一言でもいいのよ」

## 203 中断/イラク戦争

アメリカが安保理に対イラク決議案を提出したのが、2002年の10月。それに対しイラクが「大量破壊兵器はない」との回答を発表したのは年末のことだった。国連による査察は再開されてはいたが、またアメリカの強引な手法が日々あらわになっていた。そして、2003年3月18日、アメリカはイラクに最後通告。48時間以内にフセイン大統領の国外退去を求めた。期限切れの19日、攻撃開始の秒読み段階からTVはイラク戦争一色になっていった。世界中で非戦デモが広がっていたが、アフガン戦争の時と同じように、何者もアメリカを止めることができないという無力感もまた広がってゆく(しかし、3月24日にはニューヨークで20万人の反戦デモが行なわれた‼)。そして20日期限切れ。運命の時。ブッシュは対イラク開戦を宣言し、米英軍の攻撃が始まる。直後にフセインの死亡情報が飛び交う。メディア操作の日々。

これ以後5月2日の「戦闘終結宣言」まで、戦争はTVを通じたスペクタクル（見世物）となった。確かにバグダッドは制圧され、フセイン政権は倒れた。しかし現在に至るまで、米英が開戦の根拠とした大量破壊兵器は発見されず、またフセイン大統領も逃走したまま。8月20日にはバグダッドにある国連現地本部が爆弾テロにあい、また、戦争「終結後」の兵士の死者数は戦闘による数を超えた。戦争はアメリカの目論見を超えてますます長期化の様相を呈しつつある。

1月に帰国して以降、彼は、ニューヨークのスタジオで、新しいアルバムの制作に着手した。

また、初夏にはMorelenbaum2/Sakamotoによる、スタジオ・ライヴ盤『A DAY in new york』の発売に合わせ、ヨーロッパ・ツアーも行なった。しかし、それ以外は淡々とニューヨークでレコーディングの日々を過ごしていた。

## skmt20031027@NEW YORK

### 204　その日の終わりには……

雨のニューヨーク。彼は、ずっと自宅のスタジオでレコーディングのためにまだこもりっぱなしだ。インタヴューするのも、もう本当に久しぶりのこと。机の上の本が少し増えたように思う。でも、くつろいだ雰囲気はいつものとおりだ。スローな空気が流れている。彼は眠そうに、ゆっくりとしゃべり始める。そう、いつもの低い声で……。

だからさ、まあ、自動筆記みたいなものでしょ、どこかゴールに向かって歩くためにやっているわけじゃないからさ。ゴールがなんだかさえわからなくて、ただ歩くのが楽しくてやっているみたいなんだよ……。

いつ終わったらいいのかな？　気がついてみたらさ、もうゴールを過ぎてるのかもしれないしね。わからないんだよ、自分じゃ。

テーマ立てとか、アルバム全体にしても、一曲一曲がそこで何を表わすのとか、そこへ向かって歩いていくというのができないみたいね。きっとそういう病気なんじゃないのかな、そのことに興味がないというね。

素材はいっぱいある。いろんな粘土とか石とか光とか。それをこんこんといじったり、火にかけたりしているんだ。この粘土はいいとかね。日々なんかあるよ。そのうち全然違う素材が見つかったり、突然ＩＣチップみたいなのが転がり込んできたり。何をつくっているんだろうね。

彫刻家は粘土をいじり、石を削る。その時には何をやろうなんて思ってないはずでしょ。それと同じ。僕もただ音をいじってるだけだよ。一日の終わりには、なんらかの「何か」ができあがる。でも、それが何だって言われても、それがいいとか言われても、わからない。

ただ、知らないものを見たり、聴きたくてやっているんだろうね。その日の終わりにできあがるものは、よく知らないもの。知ってるものは捨ててしまうからね。何だろうね、何ができるんだろう。

## 205　歌わない人

戦争と平和について語る自分もいるけれど、それが音楽と直接結びつくわけではない。高校生の時もそうだった。

なんでだろう。やっぱり歌うような人じゃないからかな。歌う人っていうのは危険だよね、すぐに歌っちゃうって。

## 206　漢字／謎

「思いついたことがあるんだよ」。彼は突然テーブルの上に一枚の紙を取り出す。そこにはいくつかの漢字が書かれている。近くて、でも深い世界の謎のよう。その中の一つ、二つ……。

闇　darkness　＝　門　gate　＋　音　sound

「サウンド」が「ゲート」の中に入ると「ダークネス」になる。ものすごく抽象的じゃない？　他にも考えたんだ。「木」に「一」とキズをつけると『本』になるとかさ。「太陽」と「月」が出会うと『明』、ライトネス。だけど、「太陽」が「音」とくっつくと『暗』、ダークネスになっちゃう。どうしてなの？　ものすごく不思議。詩みたいなものかな。

## 207　日本の先住民のこと

これは全然音楽には結びつかないんだけど、最近、個人的に日本の先住民のことが面白くてね。「先住民」って言う時、普通は、アイヌ民族とかってことになっちゃうんだけど、僕の考えだと、先住民族はアイヌだけじゃなくて、ものすごくたくさんの部族がいたというイメージなんだ。いわゆる現在のアイヌがアイヌらしくなったのは13世紀の中頃らしい。アイヌにしても、千島列島の北方民族のカルチャーが合わさって、今のアイヌらしくなったという研究もあったり、アイヌ族も縄文時代のそれとずいぶん違ったものだと思う。

おそらく、縄文時代には日本中にまったく言葉の通じない部族が何百も暮らしていたはず。それが何千年も共存しているうちに、互いの共通語みたいなのが自然にできあがっていったんだと思う。アフリカのスワヒリ語みたいな共通語。その多くの部族たちが互いに貿易しあってゆく。信州あたりで採れる黒曜石が北海道あたりまで運ばれたりしたりとかさ。それがおそらく日本語の「祖語」になった。弥生人とか古墳族が来る前のことだろうね。

彼らがどんな音楽をやっていたとかじゃなくて、先住民という「存在」自体に興味がある。もっと言うなら、自分の血に何%ぐらい彼らの血が入っているか。それは調べようがないんだけどね……。今の現代日本人の6割か7割ぐらいは、弥生時代以降に半島から来た人らしい。でも21世紀になって、これだけ交通が発達しても、まだ地域によってその混ざり具合はずいぶん違っている。普通は、関西より西は半島系、関東以北は縄文系って考えられがちだけど、大和政権はかなり力を持った時点で、いろんな理由で、さまざまな部族を移住させたらしい。そのことは『風土記』なんかをよく読むと見えてくる。混じり合ってゆくと、当然小競り合いが起こる。ある場合には、先住民サイドが勝ってしまうこともあるから、それを平定するために近畿から兵隊が送られたりする。征夷大将軍の坂上田村麻呂だよね。先住民族たちが全滅する場合もあったのかもしれないけれど、逃げおおせる者たちもいる。山の上や半島や島とかにね。そういうエリアは伊豆や房総半島にもあるし、その中で縄文時代からの信仰を残しているところが諏訪なんだ。興味深いことに諏訪神社は、先住民の土着信仰なんだよ。

そうやって見ていくと、いまだに残っているものがたくさんある。われわれが今しゃべっている日本語の中にもそのことがある。日本語の祖語の上に、半島から入ってきたコトバ、そして中国の政治システムとともに入ってきた漢語というのが加えられた。日本語というのは、そうやって3層ぐらいになって成立しているわけだけど、そのレイヤーを皮を剝くみたいに全部取っていくと、日本語の祖語が現われてくるはずだ。それはどんなものだったんだろうって想像してるんだよ。

## 208　1万年ぐらい前に

地球の歴史、生物の歴史。それに比べれば、人間なんか、ほんのちょっと前に生まれたぐらい。1万年前なんて、ほんの一瞬。ホモ・サピエンスの歴史。

1万年くらい前にどんな「大きな変化」があったのか。

それまで、何万年も狩猟・採集でやってきたのに、国家もつくらず、部族社会でやってきたのに。

1万年前ぐらいに「何か」が起こった。

脳の変化？　何の変化かはわからない。コトバもそのあたりに生まれたんだろう。1万年というと、自分のお父さんの、お爺さんの、お父さんの……　さかのぼると400人ぐらいかな。顔だって想像できる。

そんなに古いことじゃないんだよ、きっと。

## 209　笛／シャーマニズム／自然の力の領域へ

彼は思いついたことをメモし、「お題目」としてファイルする。その一つに、なぜ音楽が発生してきたのかということがある。

今残っている最古の笛はね、中国で発見されたもので、3万何千年前だったか。それは、動物の骨に穴を開けて、ピーって吹いたんだろう（ネアンデルタール人の遺跡からも、動物の骨でつくった笛が発見されている）。

自然の中に暮らしていると、いろんな音がする。その音って結構怖いでしょ。風の吹く音、洞窟の闇のなかで、ヒューって音が響いたろうし。洞窟に風が入ってきたり、自然の残響があったり。狩猟とかしていて、洞窟に迷い込んだ時、聞こえてきたりしたんだろう。

怖いんだけれど、風や自然の音を真似したくて、笛とかつくったのかな？

北方シベリアのシャーマンとか、クマの毛皮を着るでしょ。そうするとヒトがクマになる。ヒトからクマに、クマからヒトに。結局、その過程は、クマが代表している自然の力を自分の中に取り込もうとすること。そうやってヒトは「自然の力の領域」に入ってゆく。笛が動物の骨でつくられ、そして不思議な音がするというのはやっぱりシャーマニズムだと思う。動物が代表している自然の王国の中に、人間が入ってゆくための体験だと思うんだ。それは僕の推理だけど……。

## 210　音／オト

「音」のことを、なぜ「オト」と発音するのか。考えてみたら不思議でしょ。とにかく、何かを日本語で考える時、なるべく漢字で考えないようにしてみること。

アイヌのコトバを見ていく。「言霊」というのは何かというと、コトバの「音」のひとつひとつに意味がある。あるいは何かの「作用」がある。一節音でそれぞれ意味を持っているのは、たぶん縄文語も日本祖語も同じだと思う。「オ」は何かであり、「ト」も何かなんだ。例えば、「別府」という地名の「ペッ」っていうのは、「川」なんです。他にも、庄内の「ナイ」というのは、「沢」の意味。そんなコトバのついた日本の地名は全国に散らばっている。いろんな違う部族たちの起源のコトバが混じり合い、レイヤーが重なりあったものが日本語なんだよ。

日本人の顔も面白いよね。顔の多様性たるや、すごい。こんな国ってあまりないと思うんだ。普通ならもっと似ているよ。漢民族は漢民族の顔、蒙古族は蒙古族の顔。知り合いたちがブータンに行った時に、向こうの人が、「お前は何族、お前は何族」って一人ずつに言っていったんだって。それは今でもわかるんだよね。

柄谷行人さんが言ってたみたいに、「国」という意識は、「外敵」が現われ、それと交渉する時になって初めて、「契約上の国」というまとまりが必要になって出てくる。それ以前は、「国」なんていう意識さえないもん。中国に使者を送った時、大和政権は自分たちのことを「ヒノモト」と呼んだ。でもその呼び名ってもともとは蝦夷《えみし》のコトバなんだよ。彼らはその頃、房総辺りにまで虐げられてたんだけどさ。

今で言えば、樺太の先住民とフィリピンの人が出会って話をしているようなことが起こってたんだろうね。コトバも顔も違う人がさ。最初はそんな状態だったんじゃないかって思う。

そんな頃からあまり時間が経ってないということをわれわれは意識すべきなんだ。われわれは、われわれがしゃべっている日本語というのを、硬くて壊れないハードなもの、ハードなシステムだと思ってるけど、違うんだ。コトバ自体は本当は柔らかいけれど、社会制度が硬く見せているだけであって、外来語とかを剝ぎとって、ぐにゃぐにゃにして、時間の上にぎゅっと引き伸ばしてみると、部族のコトバが垣間見えてくる。

日本語には「音読み」と「訓読み」がある。「訓読み」というのが和語、「音読み」が漢語。僕の名前の「さかもと」というのは和語、和名。それを「音読み」にすると、「バンブン」

詩の力というのを考えてると和語ってことに辿り着いてしまう。和歌、とりわけ『万葉集』は、もちろん表記的には漢字を当てているわけだけど、あの時点では、むしろ「音」として使っているだけでしょ。まあ「当て字」に近い。でも、意味も頂戴している部分もあるから一筋縄ではいかないね。まず元になっているのは「音」のほう。そこには漢文化以前のものがあると考えたほうがいい。

さっき諏訪神社のことを話したけど、あそこのお祭りは、縄文時代中期ぐらいから連綿と続いている土着信仰。アイヌ民族以外のもので、はっきりと先住民系のお祭りが、大和政権のいろんな攻撃にもかかわらず、続いてきたということがわかっているものは、他にはなかなかない。北米インディアンみたいに完全に侵略されるとね、コトバが取られてしまう。英語だけにね。言ってみれば、日本人が中国語をしゃべってるのと同じなんだよ。日本人はそうならなかった。だから、なかなか面白い。

擬音語とかで繰り返しのコトバがあるでしょ。例えば、「らんらん」とか、「ちゃぷちゃぷ」とか。これはアイヌ語に近いし、それからオノマトペとかのコトバ。これらはかなり日本語の祖語に近い気がする。繰り返しのコトバ、何か感じる？　でしょ。ちゃぷちゃぷ。ぽちゃぽちゃ、もぐもぐとか。今、気がついたけど、作曲家の伊福部昭さんて、昔からアイヌはもちろんのこと樺太とか旧満州に行って、ギリヤークの音楽とかを録音・収集してたんだよね。彼の父親も村長だったから、アイヌの村人と親しくしていた。アイヌというのは「アイヌ国」という一つのものがあるわけじゃない。だけどシベリアに行くとアイヌの人たちはシベリアの少数民族と互いにコトバが通じ合うらしいよ。あの、バイカル湖の「バイカル」ってコトバ自体、アイヌ語で意味のあるコトバらしいんだよ。

ちゃぷちゃぷ……。でも、どう曲づくりに結びついてゆくんだろうね（笑）。

## 211　カートゥーンの国、アメリカ

最古の文字、とかいうと5000年前ぐらいで、もうちょっと前からコトバはしゃべっていたと思うけど、そんなに昔じゃない。ちょっと考えてみると、本当にすべてのことはかなり最近のことなんだよね。

確かに、現代の人々の行動の中に「神話的な思考」を発見していくことも、それはそれで面白いだろうけれど、それ以上に興味深いのはさ、カートゥーン。マンガだよ。

人間の文明の中で一番ハイテク化してるはずのアメリカ帝国の文化ってさ、実にすべてカートゥーンでできている。

キツネがしゃべり、カラスが葉巻をくわえて口から煙を出したり。すべては神話でしょ。豚がしゃべったりしてるのに、誰も不思議に思わない。

ジョージ・ブッシュだって、すべての国民がカートゥーンで育ってゆく不思議の国、アメリカ……。

## 212　冬／フユ

ひさしぶりのインタヴューだった。彼はレコーディング中の新アルバムのことよりも、日本の先住民族のことをたくさんしゃべった。僕は昨日の昼にＩＣＰ（International Center of Photography）で見た「ストレンジャーズ」という写真とビデオの展覧会の印象を話した。それらの写真には、パレスチナの戦争もあれば、ＷＴＯのグローバリゼーションに反対する人々の肖像、失われゆくパプア・ニューギニアのダニ族の記録など、生々しくネイキッドな世界の姿があらわにされていた。

「世界はヒリヒリしているんだけど、なにかこう、われわれを突き動かしているものが現われていないか、それを探しているんですよ」と僕は言った。それに対して彼は、「なにか、熊の毛皮をかぶる行為というのかな。そういう力を得る行為が必要なんだろうね」と答えた。そして僕らは二人で星野道夫さんの話をした。星野さんは、熊に襲われて死んだけれど、僕は彼がエッセイに書いたアラスカ・インディアンたちが幻視した、自分自身が今まさに狩られようとしている鯨になるというエピソードを話した。

「同じですよ、熊の話も。自然と人間の関係。彼の死が悲劇かどうかということよりも、必要なのは、熊の皮をかぶるような行為として彼の写真の活動があったということだよね」と彼は答える。そして続けてこう話した。

「ムロっていうのは、〝室〟という漢字をあてているけれど、それは竪穴。ムロで蒸すとか言うでしょ。それは、土の中に入り、こもって、出てくるという意味だよね。そうやって冬から春にかけて再生する。熊の冬眠みたいに。冬というのは〝陰〟であって黄泉の国。それは、生の全否定ではなくて、それがあるから、春に再生できる。冬の大地にものすごい大きな力があるということが再生を用意してくれる」

「冬というのも和語なのかな」僕は彼に訊いた。

「そう、フユは〝殖ユ〟ってことだそうです。折口信夫が指摘してたよ。冬は再生のためのエネルギーが蓄積される季節。だから春にお祈りするより、冬の祭りが一番大事なんだよ。クリスマスの起源ってそれ。ローマ帝国の豊穣祭り。キリスト教が国教になる前の豊穣の祈りだったんだ……」

明日、彼はM2Sのメンバーでジョビンのトリビュート・コンサートにゲスト出演することになっていた。気がつくと夜の帷がおり、すっかり外は暗かった。今日はこれで終了。彼が禁煙した（!!）という「人生の事件」については、いつかお伝えすることにしよう。

skmt20031227@OCHANOMIZU

## 213　韓国ドラマ／古層の日本語

彼が今一番はまっているのは、韓国のTVドラマ『冬のソナタ』だ。

東京に着いた晩にちょうど再放送しててさ、前から、韓国でも日本でも大ヒットしたのは知ってたけど、見たことなくて。でも見始めたら完全にはまっちゃった。ずーっと見てる。面白いんですよ（笑）。もちろんドラマの舞台となっている社会的な風習とかの違いということもあるけど、一番関心があるのは、コトバです。ドラマを見てると、僕たちでも聞きとれる単語が韓国語の会話に出てきたりする。半島と日本列島との共通の漢語もあれば、明治以後の日本で翻訳したヨーロッパ起源のコトバが、半島と中国に逆輸入されて使われているコトバもけっこうある。もちろん漢字の本家はもともと中国だけど、近代ヨーロッパ語の訳語や熟語はほとんど日本でつくられたものをとり入れていて、共通なんです。だから、ドラマを見てると時空を超えて入りこんだ、いろんなものが見えてくる。

彼は日本の祖語への関心を通して、半島やアジアへの興味の地下水脈を掘り進んでいるように見える。

どのように使われ、どのように変化してゆくか。その変遷。興味がつきないんです。

## 214　お母さんのコトバ

彼は自分がナヴィゲーターをつとめたＦＭ番組のゲストに、奈良から大学の教授を招いて番組にした。「講義を受けたんだよ」と愉快そうに微笑んだ。

古層といっても、地質学とは違うんです。下の層まで掘り進んでゆけば、混交されていない「純粋なカタチ」が出てくるかといえばそんなことはなくて、あくまで推論だけど、祖語というのはもうすべからくクレオール語なんですよね。すべてが互いの影響の中で存在する。コトバというのは、その時々の強い勢力を持つ部族の言語、つまり征服民族の言語が主流になるわけだけれど、人類の歴史を見ていくと、勝った側は負けた部族の女たちを嫁にとる。征服されると、負けた側はコトバを奪われてしまい、公式なコトバは勝った部族のコトバになる。しかし、家庭内においては、子どもの教育はお母さんのコトバが力を持つから、子どもには、負けた側のコトバも入りこんでゆく。そうやってクレオール化して残っていくんじゃないかな。

そう言って彼は、縄文時代からあまり変化せずに残ってきたコトバの一部を今でも僕らは持っているよと、いくつかのコトバをあげてゆく。

おめめ（目）
おてて（手）
おみみ（耳）……。

〝お〟を取るとどれも一音節のコトバが続いている。あと、〝ほほ〟とか〝ちち〟とか、みんな子どもと母親がかわすコトバだよね。これらはそうやって残ったコトバでしょう。それからこれは僕のまったく素人考えだけど、もっと古層にあるのがオノマトペだと思う。例えば〝べとべと〟するって言う。それが公式化されると〝べとつく〟という動詞になる。〝つるつる〟といってたのが〝つるりとした〟とかになっていく。〝べと〟とか〝つるっ〟っていうサウンドで自分の内側の感覚がよびおこされる。そのことはかなり古いだろう。きっと縄文と弥生が入り交じるくらいまでは確実にさかのぼれるような気がする。

弥生人たちは雲南あたりから船を漕いでやってきたのだろうか。
〝つるっ〟っていう語感は、われわれが住む列島のオリジナルなものなのか。それとも半島や中国にあった〝つるっ〟という語感が入りこんできたものなのか。いやおそらく〝つるっ〟は〝トゥル〟かもしれない。ツングース系、アルタイ系、北方系……はたしてどのような関連の中で伝わり、残っていったのか。

彼の想像はふくらみ続けてゆく。

## 215　コトバをめぐって／木村紀子『古層日本語の融合構造』をめぐって

俳句の中にある縄文的な響きを感じること。

（バルトやマラルメの話）彼らは記号に近づくぐらい極端に抽象化された意味構造への憧れを強く持っていた。

極限までシンプリファイされた象徴性——それは俳句にも投影されている。日本がつくってきた列島の美——俳句。

新しいアルバムをつくる時、彼は最初ポエジーに興味を覚えた。古今東西の詩集や詩人を渉猟したが、ピンとくる詩になかなか出会うことができなかった。しかし、その作業は、コトバの古層への旅となった。時間や空間を超えてゆく、豊かな旅に。

最近の考古学では、縄文中期ぐらいから農耕は始まっていたという説に変わりつつあるけれど、縄文の終わりと弥生の始まりには、はっきりとした境目はなかったろう。でも、そこで重要なのは、コトバが大きく変わったということだ。そして、考え方、「象徴思考」はずいぶん大きく変化したことだろう。

「こめ」と言わないで「よね」。それは「いね」からできたものだ。狩猟スタイルが生みだすカラダのコトバと、農耕スタイルが生みだすカラダのコトバの違いは何だろうか。

彼はカバンの中からカヴァーをはずした1冊の本をとりだす。それは『古層日本語の融合構造』だった。現存する日本語で書かれた最古の書物群である「記紀万葉」の中に含まれている大和民族のコトバ、そしてそれ以前のコトバたちのこと。

（「さいばらことば」をめぐる話）

7世紀頃、大和朝廷が確立した時、いろいろな技を持った職能集団が近畿に移住させられてくる。「さいばらことば」とは機織り女たちのコトバだ。それらのコトバは大和のコトバではない。

（津田左右吉の話／折口信夫の話）

「彼らはコトバの古層の匂いをすごく感じた人だったと思うんだよね」。

Q　どうしてそんなに日本の祖語について魅かれていくようになったんだろう。それはニューヨークに住んでいることと関係してますか？

A　動機としては、イラク戦争が大きい。もう「現在」につきあっていられないという感じ。自己防衛だよ。

### 216　語感／音感

これからね、やっぱり、想像力を刺激するような、コトバの響きってあると思うよ。しかも、この列島ならではっていう語感や音感が。でも逆に、日本ならではと思ったものが、汎アジア的であったり。

（汎アジア的なシンパシーのほうが、西洋文明に対してよりも今は強いですか？）

「うん、強いですね」

## 217 アイヌ／アボリジニ

アイヌ語というのは、もちろん変化はしているけれど、列島のかなり古層のコトバから分岐して、残ってきた。中国の漢語の影響をあまり受けていないから、近代日本語に比べたら、たぶん縄文語にかなり近いかもしれない。研究者によってはアイヌ語が汎アジア的な祖語に近いって言う人もいるぐらい。というのは北方のツングース語、あるいはチベット語、東南アジアのマレーシア語とかには、共通した部分があるっていうんです。そうすると、アジアの大きな部分と関係してるのがアイヌ語だっていうことになる。

アイヌの出自というのはわからないけれど、人類学の中には、アイヌとアジア諸国の一番古い先住民と言われているオーストラリアのアボリジニがＤＮＡ的にかなり近いと言う人もいる。アイヌのコトバとアボリジニのコトバの比較研究が当然なされるべきなんです。

## 218　コトバと音の旅を……

Ｑ　時間や空間を超える旅をずっとし続けてませんか？

Ａ　考えてみると、ずっとアフリカの旅からね。

Ｑ　トウルカナの湖畔から……。

Ａ　そう。２００万年の旅。人類がアフリカに誕生してから移動してきた過程をなぞる旅。

Ｑ　アフリカの響きも入ってるかもしれない。

Ａ　まだまだ続いていくんだろうね。

## 219　そうしてすべてのコトバは混じりあってゆく

部族同士が戦うのも極端な意味での接触だけど、「物々交換」や「狩り」の時に出くわして、人々は交流していっただろう。たとえ、コトバが通じない相手と出くわしたとしても、親愛の情を示すために大事なものをとり出して、何かコトバを言う。発せられたコトバは受け取る側の部族にはなくても、入りこんでゆく。そのコトバは、捨てられるかもしれないし、残るかもしれない。長野で採れた黒曜石が北海道から発見されたりするわけだけど、その黒曜石といっしょに当然、異なったコトバも運ばれていった。お母さんのコトバや、食事のコトバのような日常的なコトバはなかなか変わらないけれど、技術のコトバやコンセプト、哲学のコトバはどんどん変わってゆく。テクノロジカルなコトバというのは、今でもカタカナで外来語のまま表わす。それと同じことが、1万年前にもあったんです。つまり、黒曜石って当時のコンピュータと同じなんです。

## 220　わらべうた／小泉文夫

奈良大学の木村紀子教授と彼が会った時、木村先生が持ってきた音の資料があった。それは、韓国の「わらべうた」だった。彼はその音を聴いて驚いた。日本語のように聞こえたからだった。

いわゆる韓国語っていうと、子音がすごく激しくて日本語よりもっととんがったサウンドが多いんだけど、子どものコトバになると、あまり子音が強くなくて、ほとんど母音だけなんです。そうすると、聴いていて、もう何語だか全然わからない。日本語みたいっていうのもおかしくて、でも、きっとあれが「古層」とつながるものだと思う。

その音の資料は、実は、音楽学者であった故・小泉文夫が収集したものだった。

実は僕は、小泉さんに憧れて芸大に入ったんです。こんなところで再び小泉さんにつながってくるとは……。今でも覚えてるんだけど、小泉さんは音楽というものを、人類学的な視点で、人の移動を意識して調べていた人だった。場所が非常に離れているのに「共通の響き」があるのはどうしてなのか——そういう疑問を生涯にわたってずーっと持ち続けながら、世界のあちこちを調べてまわる人だった。「響き」と「文化の違い」「人の移動」ということも気にしていた人だったと思うんです。その小泉さんの重要な研究の一つが「わらべうた」でした。「わらべうた」にはもしかしたら、われわれの起源のアフリカ的な響きが入ってるのかもしれません……。

## 221　おとぎ話

類人猿がホモ・サピエンスとなった時、人は「象徴思考」ができるようになった。それが人間が人間になった時とも言えるだろう。象徴思考ができないと言語もできないから、神話と言語をほぼイコールだと僕は思っているけれど、その時のヒトのとらえた世界、宇宙が神話であり、おとぎ話なのだと思う。なぜかわからないけれど、そういう能力を得た人類祖先の喜びというものが、ずいぶん盛り込まれているだろう。宇宙のことも、自分たちのことも語れる。それから、自分たちの生きるための糧である動物のことも語れる。そして、動物と人間が交換しえるような世界観があって、それを話しコトバや音にして伝えていく。驚くほど世界的に共通することが発生してゆく。

ホモ・サピエンスの脳の構造は、地域によってほとんど違わないから、かなり似たものになっていっただろう。だから、縄文的なパターンとケルトのパターンが似ているのかもしれない……。

## 222　やがて10歳、15歳になれば……

ホモ・サピエンスの寿命は１００万年ぐらいと言われる。そうだとすれば、ヒトはその途上の1万年、長くても３万年しか過ごしていない。百分の一ぐらい。だから、まだ、ヒトは古代にいる。

すべては、まだ1万年前にやっていたことと大して変わらない。まだ象徴思考を覚えたての、赤ん坊。ヒトが10歳になり、15歳になった時、世界はどうなっているんだろう？　ローマ時代が、まだ昨日のことにしか見えないんだよ、僕には。

## 223　文明と寿命

人類の寿命が１００万年だとしても、文明の寿命は１０００年とか５０００年とか非常に短い。おそらくエジプト文明なら、その文明を支えていたのは環境、つまりエコであって、だから、まわりの木を全部切ってしまった段階で、そのクニの命は終わってしまったのだと思う。ギリシャもローマだってそうだ。地中海の沿岸に行くと、白っちゃけて乾燥した土地が続いてるけど、昔は非常に青々とした森があった。それをギリシャやローマ帝国がすべて刈ってしまった。

そうなったら終わり。だから、いかに文明を支えている下部構造のエコと折り合いをつけるかで、文明の寿命が決まるとも言える。資源の部分がなくなってしまえば、当然、上部構造も生き延びられないって簡単なことなのに、世界の指導者はわかってない。

今、地球上に生えている木全体がどんどん切られていく。地球上の文明は終わりに近づいてゆく。熱帯雨林が全部壊れた時、それで終わり。今は、その瀬戸際にあるんです。

## 224　子どものための音楽

(わらべうたをつくろうと思ったりはしないんですか?)

「うーん、そういう発想ってなかったなー」

(わらべうたとかは、つくれるものじゃないかもしれないけど、子どものためにできることとか思ったりしないですか?)

「思うよ。いや、子どものための練習曲をつくりたいっていう気持ちは前からある。僕が特に好きなのは、バルトークが自分の息子のために作曲した『ミクロコスモス』っていう練習曲集。すごくいいいんだよ、それが」

（名前もいいですね）

「そう。小宇宙。内容的にも、音楽的にも大好きで、いつかはそういう作品をつくりたい」

## 225　避難

「本能的にただ避難しているだけ」と彼は言った。そして、戦国時代の千利休や、宗達の話をした。戦時の中の、芸の話だった。

今日の天下人が敗れて、また違うやつになるかもしれない。誰がトップになっても生きていけるスタンスでアーティストたちは今まで生きてきた。戦国時代だって、ひとこと口がすべれば打ち首だったろう。スターリン時代の作曲家や文学者も、つねに粛清の恐怖の中にあった。利休だって、自らの「芸」があまりにもすごすぎて、秀吉に惚れられて失敗した。だから、今でもたいていのアーティストたちは自分の意志を言わない。ああ、がっかりしてしまうよ。

## 226　移動途中

Q　今行ってみたいところはないですか？

A　特にない。

Q　自分はどこにいる気がしてますか？　NYがホームだという気がしていますか？それとも、移動している気がしますか？

A　もちろんホームはどこって言われたらNYだけれど、いつまでもいる気はしない。そんなに長くいるとは思えない。移動してる途中。次はどこかなっていうことは、いつも考えています。

## 227　ニュー・アルバム／即興

今回、彼はニュー・アルバムのプロモーションのために帰国した。

まだ変更の余地はあるんだけど（笑）。アート・リンゼイといっしょにつくった《戦争と平和》って曲があったりね。これはアートが考えた20行ぐらいのアブストラクトなセンテンスを、20人のＮＹの人たちにしゃべってもらい、それを切り刻んで音楽にしたりね。それから、即興で弾いたピアノを加工したりね。即興からつくるってことが比重を占めてるかな。比喩的に言えばさ、大きなキャンヴァスに即興的に描きなぐって、その好きなところを切り取って、スキャンして、加工して。即興ありき。何かそんな気分だったんです。

この１週間ぐらいの間に３回、彼に集中的に会った。彼は静かだった。その静けさが、かえって彼の中で何か新しい事態が起こっているのだという強い印象を感じさせた。

## skmt20040111@NEW YORK

### 228　裂け目

彼が連載している「先見日記」をwebで見る。そこには新しいアルバムを思わせる「裂け目」という日記が掲載されていた。その夜、1年かかったソロ・アルバムがやっと完成した報告がなされていた。その一部をここに書き写しておこう。

この1年、まるで洞窟にでもこもってるかのようだった。洞窟の中に、世界中の市民が非戦を叫ぶのが聞こえてきた。人類最古の文明をもつ国に撃ち込まれたアメリカ製爆弾の炸裂する音と泣き叫ぶ子どもたちの声、そして世界が震える音を聞いた。僕は何もできずに洞窟の中で音を削ったり紡いだりしていた。僕は洞窟という地殻の裂け目に落ちたのだった。２００３年という年が歴史の裂け目だった……。

シングル《undercooled》が1月21日に発売され、そして2月25日にはアルバムが続く。ニューアルバムのタイトルは『CHASM』（キャズム）という。

skmt20040801@NY-TOKYO

**229　どこを見ても亀裂だらけじゃないか**

新しいCD『CHASM』をリリースした後、彼はめずらしくハワイに休養へ行く。しかし、今までも、リゾート地は好きではないし、よい思い出もない。

太陽は明るく、空は抜けるように青いのに、彼はブルー。それらの地は蹂躙された先住民たちの地だからだ。森は焼かれ、固有の自給的生活はもう戻ることはない。この地球上は、さまざまな「裂け目」があふれている。彼の夏の旅が始まる。

## 230 暑い夏

6月、彼は音楽フェスであるソナーに出演するためにバルセロナへ。スケッチ・ショウとの共演。そのあと、ロンドン、パリ、ベルリン、ミラノをめぐった。

ニューヨークも、東京も、6月以降、連日30度を超す日々が続く。全米では、温暖化を扱った映画『The Day After Tomorrow』がヒット。彼は日記にこう書く。

『The Day After Tomorrow』を観る。とても怖い。すごくリアル。映画を観た日は、たまたま雨が降っていたんだけど、映画館から出てきて思わず天を見上げてしまった。これがハリウッドのエンターテインメント映画として、ある程度ヒットしてしまうんだから、世の中少し変わってきたのかな？　日本でも是非たくさんの人に観てほしい。

新潟、福井、福島の洪水。そして全国的な猛暑。東京でもとうとう40度だ。40度といえば、中東やインド、北アフリカの温度と同じだ。異常だ。

温暖化による異常気象の、しかしまだほんの序の口だ。だが、その進行はわれわれの想像より早く訪れるのかもしれない。

すでに世界の穀物生産高は落ち始めている。円が大暴落した時、エネルギーも外からこなくなる。

しかし、日本の現在の農業では３０００万人も養えない。食べ物を奪い合って、日本人同士が殺し合うことになるのか？

大災厄が来る前に、食とエネルギーの自給が急がれるのだが……。

## 231　アメリカ2004

イラク戦争の虚偽が毎日のように暴露され、その中で大統領選が進んでゆくアメリカ。そのような中で、彼はどうアメリカを肌身で感じているのだろうか？

日本でもマイケル・ムーアの『華氏９１１』が話題だが、彼はたて続けに映画を観ている。どうだった？　とメールを打つと返事はすぐに帰ってくる。

最近、面白い映画がたくさんありますね。もちろん『華氏９１１』は観ました。翌日『Super Size Me』を観、翌週『The Day After Tomorrow』を観ました。普段あまり映画館に行って映画を観るということをしないので、僕にしては珍しいです。しかし、たまには映画館に行くのも面白いですね。

『華氏９１１』を観に行ってびっくりしたのは、観客の半分以上が白髪のお年寄りだったことです。

人を見た目で判断してはいけないんですが、その方たちは普段だったら共和党に投票するのではないか、という感じの人たちですが、本当にショックを受けているのがわかるんです。

「Oh, my God !!」

「Oh, boy !!」

の連続で。

『Super Size Me』も必見です。若いニューヨークのドキュメンタリー監督が、実際に自身の身体を使って実験をするんですが、その実験というのが、マクドナルドのハンバーガーを1日3食、1カ月間食べ続けるというもの。もちろんこの実験を始める前に、ドクター3人に詳細な検査をしてもらい、実験の最中もモニターしてもらいます。

結果は当然想像がつくと思いますけど、21日目でドクターストップがかかりました。彼の肝機能が極端に悪くなってしまったからです。

『華氏911』は、『スパイダーマン2』に続き全米2位を維持している。11月の大統領選にも大きな影響を与えるだろう。

ヨーロッパの街をあちこち旅しながら、彼は『Super Size Me』の看板を目にしていた。そしてそれを見た時、こう日記に書きつける。

「少数の巨大企業によってコントロールされかかっているアメリカの学校の、子どもたちが置かれている食の環境が、僕には特に恐怖だった」と。

彼からのメールのラストは、こうしめくくられている。

「今、ちょうどボストンで民主党大会ですね。……これだけ、世の中、世界が悪いと、ドキュメンタリーが面白くなりますね」

彼への返信。

なるほど。結局、イラクには大量破壊兵器は見つからなかったわけだし、「虚偽」の上にもとづく戦争であることがはっきりしましたよね。それからアブグレイブ刑務所の拷問も、「組織的な行為ではなかった」とか、「胸くそが悪い」(ブッシュ)など、コトバで強弁すれば、なんとでもごまかせると言わんばかりの態度です。スーザン・ソンタグがそのことを5月23日付の『The New York Times Magazine』で厳しく指摘してましたね(邦訳『論座』2004年8月号)。そんな「ウソのコトバ」が飛びかっているアメリカのメディア環境の中にいて、どんな気持ちですか?

ｓｋｍｔより返信。

「ウソのコトバ」は、９・11直後からなのです。

僕は、一番それを問題にしていました。

言葉の仕事をしている者にとって、一番問題だろうと思ったからですが、僕の知る限り反応していたのは、辺見庸氏だけでした。

ブッシュの「ウソ」に反論できなければ西洋二千年余の哲学の歴史はなかったも同然だろうと思っていましたし、世界中を見渡しても誰もやろうとしないことに憮然とした思いでした。ほんとにやっと、という感じです。本来なら、まだ生き残っている哲学者であるデリダなどが、９・11直後にきちんともの申すべきだったと思うのですが、情けない。

「ウソのコトバ」が世界中でまかり通っているのと対照的に、真実の言葉はなかなか伝わりません。

しかもこれは日本だけの現象ではありません。

なぜそうなのか、それを分析するだけの力量は僕にはありませんが、そういう世界の中で、きちんと伝える力のある『華氏911』を作ったムーアは偉いと思います。
当然のことながら、2時間という間にすべての巨悪を描ききることは無理ですので、批判をする人もいますが、24時間フォックス・ニュースにさらされているごく一般的なアメリカ人に、たった2時間、反対側からの視点を提供できたこと、これを批判する人間は、アメリカというものを知らないバカです。

skmt20040830@TOKYO

## 232　ベルリン／都市の力《ポテンシャリティ》

4カ月ぶりの東京。会話は、ヨーロッパの収穫。ベルリンで考えたことから。
今回はベルリンの東側にずっといたんだけど、とても妙な気分だった。旧東ドイツの建物とか、デザインが街の中に残っていてさ、そこに、西側からの価値観っていうのはたっぷり入っていて、東側の人たちも逆に旧東を西側の眼で見られるようになっている。そのキッチュさが面白いっていうことが自覚化されてるんだよ。盛り場的なところも小さなエリアしかなくて、でもそこに面白いバーとかへんてこなアーティスト、奇妙キテレツなやつらが集まる。『ブレードランナー』みたいな世界があって、面白かったな。

ロンドン、パリ、ベルリン、ミラノ、東京。都市を旅すること、都市のポテンシャルを感じること。どこへ行けばいいのだろう?

面白いアートカルチャーは、若い世代の挑戦からしか出てこない。つまり若い世代が挑戦しやすい場所というのは、物価が安いところしかないだろう。パリなんて、もう物価が高すぎてとてもじゃないし、東京からも面白いものは出てこないけれど、京都とか札幌とか地価が安いところから出てくるだろうね。アメリカ人でも、NYはいきなり挑戦できなくてさ、ベルリンでやって成功したらNYでやるかもしれないって、段階的に考える人が出てきたり、ベルリンはEUの中心だから、高いと思う人は、スウェーデンやオーストリアに行ったりと、チョイスがたくさんになるんですね。選択肢がものすごく多い。それに比べると、東京というのは、若いやつに「むごい」都市だなって。こんなところから面白いもんなんか出てくるわけねえやって感じがする。どうしようもない。逆に言えば、こんな変なところでよく頑張ってるなっていう気もするしね。

でも面白いもの、ないでしょ?

## 233　八重山諸島西表島で

イギリスに行くにしてもロンドンとかじゃなくて、本当にきれいな自然の残ってるウェールズの大西洋のほうなんかに行きたいな。

彼はよく、世界の「地方都市」の話をする。自然が残されていて、街にしても、2、3軒店をまわると、たいていの人に出会えるような場所。

ミラノとか一番つまんない。あの平和の旗、レインボーフラッグにパーチェ(Pace)って書いてある旗が一番少ないのもミラノだしね。イタリアだって田舎のほうが、全然生き生きしてる。あのスローフードのムーブメントだって、ほんとにちっちゃな「村」から起こってきた。ミラノにしても東京にしても、そういう大都市が発する経済のグローバリゼーションが、もう戦車みたいに地方を踏みつぶしていくわけだけど、完全に壊される前に、スローライフなんていうキーワードで、もう一度、「ローカリティ」の復興が起こってる。せめぎ合いだよね。8月に日本に戻ってきたのはね、TVの収録だったんだけど、西表島に行ってきたんです。

TV特番(「ぼくの未来を探す旅」)。「母国語をしゃべれるところで死にたい(笑)」ってことで、始まった企画なんだけどね。僕が行きたい日本の場所を訪ねるっていう、大まかなコンセプトの番組(笑)」。2泊3日の短い旅。「これ自分で染めたんだよ」。テーブルの上には石垣昭子さんのところでやった芭蕉布の生藍染めの布が置かれている。

西表はいいところだったな。

彼は今まで石垣島まで行ったことはあったが、西表島は初めてだった。

西表島は、沖縄と八重山を含んだ中で、沖縄本島に次いで大きな島なのに人口は2000人しかいない。だから、1人あたりの膨大な自然が残っている。島津藩の支配や、明治政府以来の「皇民化教育」はあったけど、沖縄より、はるかにまだ島の風習は残っているし、アメリカの空爆も少ないから自然も破壊されていない。申し訳のように鳥居とか建っているんだけれど、島の人の深いところはわからない。微妙なところだとは思うけど、もっと島言葉で話すかと思ったら、驚くほど標準語だったりね。中央化がどれぐらい進んでいるのかなと思いましたね。ぜひ、また行きたい。南は西表島。北は北海道のアイヌのところを訪ねて行こうかと思ってる。大きくは打ち出さないけど、まあ、先住民の場所を訪ねて行くんだろうね。それと、自分がNYを引き払って住むとしたら、どこかなあって。水や空気、食べ物、風習とかもチェックしてる。

## 234 CHASMY／キャズム的なるもの

2月にアルバム出す時も言ってたんだけど、『CHASM』は、一応ヴァージョン1なんだ。その後にもリリースはしてないけど、1.5とか2とか、〃キャズム的〃なものをずっと追求してる。1.5とか1.7とか。2への橋渡しね、途中経過。

『CHASM』のインターナショナル・ヴァージョンがiTunesストアでリリースされている。iTunesストアの事情で発売が遅れたものの、いよいよ姿を見せ始めている。『CHASM』のヴァージョンというのは、『CHASM』で得た「CHASM的」、キャズミーな音楽をその方向の延長上に発展させようとしている意味。だから、1と2とは言ってるんだけど、曲はまったく違うものなんだよ。

彼は来年に向けた音づくりについてしゃべる。ピアノを使ってキャズミーなものはつくれるかな。とか、ポストCD時代の音楽づくりのあり方やスペインでの音楽イヴエントであるソナーでの体験、スケッチ・ショウ、カールステン・ニコライやクリスチャン・フェネスらとのコラボレーションの面白さについて断続的に語った。

スケッチ・ショウの二人は存在感があるからとても楽しい。でもお互いよくわかってるんだけど、キャズムとスケッチの音楽はずいぶん違うんですよ。両方の側から互いの音楽を並べてやってみたんだけど、恐ろしく馴染まないんで、びっくりした（笑）。どっちがどっちってことはないんだけど、全体が見えて初めて味わえるアートとか、音楽の味わいというのがある。その一方で、キャズミーな音楽って、顕微鏡で見てるような音楽なんだよね。普段見えないものを見せてくれるから新鮮だけど、全体像は見えない。ヨーロッパでも東京でもソナーとかは、そういう顕微鏡にしか興味のない若い子が集まってくるんだけど、彼らは、「キャンバス的な匂い」を感じると、つまり、ハーモニーとかメロディが出てくると拒否する（笑）。映画の『Super Size Me』じゃないけど、ファストフードしか食べない子どももみたい。細野さんも幸宏も、その両方の音楽の味わいをもう充分知っていて否定する人じゃないからね。だからとっても新鮮なんですよ。

## 235　断食道場にて

日本に帰って来たスケジュールの合間をぬって1週間、伊豆の断食道場へ行った。4日間断食し、3日間かけてもどしてゆく。

前に自己流でやった時、2日目にして脳が動かなくなって、ろれつがまわんない状態になって。まあ、単純に糖分が足りなかったんだけどさ（笑）。空腹感に耐えられるか恐怖だったけど、断食以降もすっごく調子いいんです。

ブレックファストというのは、ファスト（fast）＝断食を破るという意味。寝ているあいだ、人間は断食状態にある。胃腸を休めている時間を長くすること。彼は最近、朝食を抜くようになった。

普段、胃腸に集中していた血が、他の所へ行って働いてくれる。酸素を運んでくれるから、目がよくなったり、脳がすっきりしたりね。それはもう実感できますよ（笑）。いや、あんなに食べなくて平気なんだって驚くと思う。もう、毎年行きたいぐらいだな。

skmt20050206@NEW YORK

236　新しい年に

２００４年末、つかの間の日本帰国。スマトラ島沖大地震による津波起きる。新年、すぐにニューヨークへ。

地軸が傾いたとか、自転の速度が速まったとか言われたけれど、日本以上にアメリカでは大騒ぎだった。

被害の大きさが日に日に増大していく。しかし、彼を本当に驚かせたのは、アメリカの人々の対応にあった。

贖罪。イラクであんな馬鹿な戦争に加担しているその贖罪をするかのように、アメリカ人たちは、ものすごく献身的に寄付したり、物資を届けたりしているんですよ。津波が起こって2週間ぐらいすごい騒ぎが続いていた。津波という惨事、そのおかげで、贖われたような気持ちを得る、罪の意識の反映があるんだと思いました。

「だからといって戦争のことが許されるわけじゃないけどね」。彼はそう言った。彼は最近は、メールを使ってコミュニケーションすることに積極的でない。

新年に入って、すぐに3週間ぐらいスタジオに入ってほとんど一歩も出ない生活だったってこともある。僕には苦手な注文仕事だったし(笑)。TVをつけても、イラクの戦争のこととか、ブッシュの大統領就任とか。見聞きするのが辛くてね。目にするのも辛いから新聞も見ないし。すごいストレス。もちろん、ただ目を背けてればいいのかという気もあるけど、こっちの身体がやられてしまう。アメリカに関するようなことは見たくない、ほんとに嫌いなんだ。

ｓｋｍｔは、今まで直接会うか、それができない場合はメールでやりとりをしてきた。彼から短いメールがくる。

「たまには電話でインタヴューしようよ」と。

## 237　スタジオにこもっている

なかなか僕には難しい。自我を捨てて、機械のようになり、スキルだけの人間になれば、やりやすいけど。注文する側の判断で決められる仕事は、なかなか大変。映画音楽の時だって、毎回毎回もうこれで終わりだ‼って言ってるぐらいだから。

僕たちが買う商品には、これは何をするんだかわからない変なところが含まれてる商品なんてない。１００％矛盾なく、設計しようという意志によりつくられたもの。間違いは許さない、曖昧なことを許さないというものたちばかり。でも僕なんかがつくるものは、曖昧なことを許しちゃうし、多義的なもの。作者の意識と離れた無意識に何か意味をもってくる。いやむしろ、曖昧なところをいかに取り込むかという作業をしてるわけだから。正反対。

## 238　スーザンへのレクイエム

12月28日、スーザン・ソンタグが死んだ。作家にして批評家、劇作家、演出家。芸術だけでなく世界の現実を凝視し、9・11テロ直後も『ニューヨーカー』への寄稿で、テロを逆利用しアフガン戦争への連鎖を生もうとするブッシュ大統領の愚かさを指弾した。それにより彼女は、愛国派から、脅迫まがいの脅威に晒されることになった。イラク戦争勃発後も彼女は、戦争が生むさまざまな暴力を告発し続けた。アブグレイブ刑務所での米兵による収容者拷問事件の現場写真を論じた『他者の拷問への眼差し』は、スーザンが残したわれわれへの遺稿となった。

実は『CHASM』をつくる時に、ソンタグの影響を受けたんです。トリオのツアーでミラノにいるちょうどその夜、ソンタグが『In America』という自作の小説の一節を読むイヴェントがあった。僕もその場にいて、会いました。『CHASM』を作ってる最中でもあったんです。彼女が読む小説の語り口がとても平易というかな、伝わる書き方をしていたんですよ。小説家としてもすごい書き手だと思った。大きく学ぶところがありました。

その後、1年後かな、ジャック・モレレンバウムたちとMS2ツアーでまわってパリで公演している時、ソンタグが一人で観に来てくれて、終演後に「NYでまた会おうね」とか言ってたんだけれど会えなくて、亡くなってしまった。

彼女の死については、もちろんアメリカの大統領選とも関連して語ることはできるかもしれないけれど、今の僕としては、まだわからない。判断停止です。

正しいことばかり言っていれば伝わるのかというと、それだけでは伝わらない。真心が伝わるなんていう思い込みの人もいるけど、伝わんないな、という思いが僕にはずっとあって、だからこそソンタグの語り口にはとても感銘を受けたんだと思う。

NYにいても、あまりソンタグについての話題はない、っていうか、僕はこのアメリカの状況から接触がないからね。新聞も読まないし、TVも見ない。でも、ずっと同じことを考えてる。いつ頃から人間っていうのは、脳の中のネットワークができたんだろう？　とかね(笑)。考古人類学だね。僕らを成り立たせてきたものの成り立ちを知りたいんだよね。

今の世界っていうのは、ますます「神話的」です。『ロード・オブ・ザ・リング』とか神話的なものが喜ばれたりもする。1999年にオペラ「LIFE」をやったけど、あの時、ワーグナーがつくった《パルジファル》が大きなベースになっていた。村上龍と、《パルジファル》みたいなものをつくろうと思って考えて、結局はできなかったわけだけど、僕もしつこくてさ、まだ考えてる（笑）。

最近また《パルジファル》をよく聴き、観なおしたりした。あれはエッダという北欧の神話にもとづいていて、いろいろな謎が読み解ける。今、ブッシュがいて、商品世界が僕たちのまわりにあるけれど、それもまたもう少し神話的に読み解いていかなくてはだめかなと思う。

神話的に読み解くというのは、それは自分たちをのぞきこむこと。人類というのは、新石器時代以降の脳の革命的変化にもとづいて行動しているわけで、そのことを同時に見ていかないと、今、自分たちが何をしているのかわからないと思う。でも、そういう考えがすぐに今自分がつくっている作品に反映したりするかは難しい。ゆっくりゆっくりくるだろうね。「エコな音楽」ってことも10年ぐらい関心があるけれど、じわじわくる感じだし。

《パルジファル》も言ってみれば、救いを求めて答えられないという話だった。「LIFE」の一番最後の主題も救いとは何かということだったんだけど、やっぱり、この3万年ぐらいの人間の話だと思うんです……。

アメリカを好き放題にさせないために、もっと中国にがんばってもらわないと。もう、ドルがいつ暴落してもいい状態がずっと続いていて、経済誌なんかは、このところ毎号警鐘を鳴らしてる。歴史を見てみると、「帝国」というのは、必ず経済的に崩壊する。帝国は世界をコントロールしようという欲望にもとづいているわけだけど、それを行なうにはものすごくお金がかかる。だから、支配を維持する兵員が足りないから、イラクの現地の兵も使わざるをえない。だから、アメリカ国内では、もう一度徴兵制にしようという声があがったりしている。兵力もない、お金もない、借金で毎日やってるようなものだから、いつ屋台骨が折れてもおかしくない非常に危ない状態だ。

彼は今、アルバム『/05』を制作中だ。『/04』の姉妹篇と言うべきものだと言う。「もう4分の3はできたかな」。この数年、彼は小さなユニットでのライヴはやっていたが、本格的なものはやらなかった。去年『CHASM』が出た時も。しかし、今年の夏は、2000年以降、久しぶりのライヴ・パフォーマンスを構想し始めている。さて、彼のCHASMYな夏は、どんな夏になるのだろうか？

## skmt20050223@NEW YORK

### 239 初期の音／大滝詠一のおしえ

ニューヨークで久しぶりに一緒に晩飯。いつもの近くのイタリアンで。レコード会社やNHKのプロデューサーたちも一緒。「サウンドストリートNHK－FM音楽特番」の打ち合わせも交えながらのインタヴュー。以前2003年頃、坂本さんの御指名で、大滝詠一さんに来ていただいて番組をつくった話になる。

プレスリーとかの、いわゆるロックンロールの初期の音ってすごくいいんだけど、どうしてあいう音ができたのか。そのヒストリーやバックグラウンドって僕は全然知らないんですよ。誰に訊こうかなって思った時、大滝さんしかいないかなって。黒人音楽を略奪して、アメリカ音楽っていうか、プレスリーの音楽が出てきたわけだけど、そういう単純な図式的な話じゃなくて、いろんな要素や流れが偶然に働いてプレスリーの音ってできたと思うんです。全然プリミティヴなものではなく、当時としてはかなりの最新テクノロジーを使ってミックスされてる。すっごい変な音なんだよ。一言で言えば、「人工的な音」。たまたまカーラジオかなんかでプレスリーがかかってるのを聴いてエレクトロニカみたいだなって思った。何でこういうことになっちゃったんだろうって。

クラシック音楽でも、現代音楽でも、ヒップホップでも何でもそうだけどさ、洗練のある流れを突きつめていくと、どんどん変な人工的なところに進んでゆく。先細ったところというのは、ヘンテコリンなものが出てきて面白いわけですよね。最終的にそこで行き止まりになるわけだけど、一番先細りのところは、詩でも小説でもなんであれ面白い。その時に、いろんな力が働く。テクノロジーとか、あと、売れるってことも必要でしょ。あるサウンドが売れて初めて、どんどんそっちに行くわけだから。で、大滝さんの言いたいことは、アメリカの中で3つぐらいの大きな流れがあったところが、プレスリーにたまたま結集しちゃって、怪物みたいなものができた。音楽って、偶然の要素もけっこう多くて、むしろ100％コントロールできるほうのことがない。

ジョン・ケージとか、デイヴィッド・カニンガムとかは「エラー・システム」とか言って、いかに偶然を利用するかっていう人さえ出てきたりするわけだけど、まあそういう文脈の中でプレスリーを聴くと、音づくりっていう面では、明らかに偶然じゃなくて、人為的、明確なプロデュースのポリシーの産物です。プレスリーから始まったというより、そこにいたる下地、ヘンテコな洗練の流れがあるってことなんだよね。

なんで面白いと思ったのかな？　きっと『ＣＨＡＳＭ』をつくってる最中だったからだと思うんだよ。

プレスリーの音に関する興味っていうか、僕の関心って、ほとんど音に対する関心ぐらいしかないんだけどさ、別に『CHASM』をつくったからってわけじゃないけど、「変なもの」にはいつも興味がある。プレスリー本人というよりプレスリーの音は、かなり「変なもの」で、何でそういうことになったのかというのは面白い研究テーマだと思うんです。

突然変異でできたんじゃなくて、プレスリーにいたる「歌い方」とか、「バンド・アレンジ」「グルーヴ」「ミキシング」「音の使い方」とか、そこにいたる流れがある。大滝さんは、大滝さんなりにそれぞれに全部わかっているんですね。アメリカじゃ『ロックンロールの発生・起源』なんて本もあるし、大滝さんに話を聞いて、そういう流れはもちろんわかったんだけど、お勉強みたいなもんですから、別にどうってことはなかったりもする（笑）。新たな発見っていうより、音を聴いて、「あっ、変だ」と思うこと以上の喜びとか驚きはないんですね。「なんだこれ？」って思う喜び以上に勝るものはないですよね。もうそこで言い尽くされてる。人生で最初にドビュッシーを聴いた時とか、ビートルズ聴いた時の「なんだこれ？　どういう音なの、わかんないじゃん？　どうやったらこんなの作れるの」っていうさ、わけのわかんなさ、そういうものが、どれだけ人生にあるかってことが大事なわけで……。

## 240　閉じない感じ

一つの問い。
洗練に向かうことには、単純化ということと、複雑化という両極の道があるだろう。しかし彼は、何百も曲をつくり、演奏のための編曲を手がけてきても、なぜか「重く」ならない。退廃やバロックっぽくなってゆかない。それはなぜか？

頭が単純だからね（笑）。時間かけるのが嫌いだし。熟考はそれ自体すばらしいことなんだけど、どんどん深みにはまってく。20世紀にいたる音楽を振り返るとさ、過去における当時はもちろんインターネットもないし、一つのことを追求できるいい環境だったわけだよね。今やよっぽどのやつじゃない限り、山にこもって炭焼きみたいに音楽つくるなんてできない。モーツァルトの時代には、その時一番の先進国だったイタリアへわざわざ何日も馬車ででかけて、実際に聴かなきゃなんなかった。ワーグナーやブラームスとか、時間があったんだろうなあ。20世紀だとハリー・パーチみたいにアリゾナやニューメキシコに住んだり、アーティストだけど、ジェームズ・タレルなんて砂漠にいるわけだからね。

例えばさ、ゲーテじゃないけれど、昆虫や植物の形って、究極の合理性と複雑さを持っているわけでしょ。自律性を持ち、自己増殖していくわけだしね。僕はそれこそがエコだと思うんです。合理的であり、アモルファスであり。でも、人間の頭は自然ほどよくないから、そんな音楽、エコの音楽なんてつくれない。

全然違うけど、俳句ってものはケージの音楽みたいにシンプルだよね。でも実は、複雑なわけなんだ。ミニマルで複雑……。ミニマル・ミュージックでもフィリップ・グラスやマイケル・ナイマンは「分厚い」よね。テリー・ライリーは高校の頃から聴いてるけど、最近の作品のほうが面白い。やっぱり一番オシャレなのはスティーヴ・ライヒだ。分厚くない。キラキラしてる。だから、なんだろう、濁った和音とかさ、平気で弾けるやつってその時点でダメだよね。音楽家には、向いてない（笑）。

## 241　今再び『CHASM』をめぐって

あれはね、こういうといやらしいかもしれないけど、「差異と反復」だけなんです。差異の反復、反復の差異。結局、それって、「人生」だったりする。人生って、「差異と反復」じゃないですか……。

ドゥルーズは、『差異と反復』って本の冒頭で、「ユニークなことだけが反復される」って言ってる。僕が『CHASM』をつくる時に、ずっと1年かけて考えていたことは、「差異と反復」ってことですね。すべては、反復なんですよ。

# skmt20050629@KYOTO-HONEN-IN

## 242 実験ライヴにて

京都、真っ盛りの夏の日。ひと雨きそうな空模様（昨日は激しい夕立ちがあった）。しかし、なんと法然院はひっそりとしていることだろう。谷崎潤一郎や河上肇、あの稲垣足穂らが眠るのもこの隠棲の寺の墓所なのである。

夕刻、6時頃から、少しずつ人が集まり始める。この日のことは、webで告知はされたものの、情報誌などには一切出されなかった。

ふだんは日本画家・堂本印象が描いたふすま絵のある部屋は、すべてふすまが取り払われ、畳の向こうに庭が広がっている。坂本龍一とダムタイプの高谷史郎。小さなテーブルの上には数台のラップトップコンピュータ。広間をはさんで庭が抜けて見える縁側に、小さな仮設のスクリーンが三面はられている。

「実験ライヴ」と二人は呼ぶ。たった一度だけの「実験」。「5、6人ぐらいの前でやりたいぐらいだった」坂本さんが言った。高谷史郎は以前、オペラ「LIFE」の時、パフォーマティヴな映像を担当した。二人の交流は日常的に続いていたし、「何かプロジェクトをやりたいね」という声は両者から上がっていたが、なかなか実現することはなかった。

まさに陰翳礼讃。うす暗闇の中、互いの顔もわからない。しかし、庭の緑はまだ輝いて見える。スクリーンに高谷君による映像が映り始める。自然や地図、そこにＣＧでつくった線がかぶさってゆく。音は、メロディとかリズムとかではなく、ノイズをはらんだ、始めもなく、終わりもない音／音楽が浮遊していく。

坂本龍一は、ラップトップとiTunesで、その場で思いついた曲や波形を出せるシステム。これはすでにヒューマン・オーディオ・スポンジでセッションや『ＣＨＡＳＭ』で試みていたのだが、今回は映像とのセッションとなる。一方、高谷史郎はダムタイプの作品で映像を担当してはいるが、ＶＪ的にライヴで映像を出すのは初めてだ。「いかに軽く、カンタンに、ライヴでできるかというのがテーマだった」と高谷君は言う。「自由度のために」というコトバが当たっているだろう。そのために高谷は、二つのソースを用意する。一つのラインはCG。もう一つは12、13アイテムからなる動画と静止画のアーカイヴ。そして三つの画面を横断する映像をクイックタイムでラップトップにうめておき、もう1台のラップトップにストックしておいたCGを、もう1台のラップトップでコントロールしてゆく。映像に音が、音に映像が反応しあい、「実験ライヴ」は進んでゆく。重視されているのは、「タイミング」だ。

ライヴが進むにしたがって、法然院の周辺に棲む蛙が、坂本さんの音に反応して、大きくなったり、静まったりする。自然と饗応することの歓び。ラップトップを操りながら、坂本さんも高谷君も笑っているのがわかる。自由度の実験、音と映像の歓び。

夕暮れどき、しだいに闇が近づいてくると、消えてゆくものと見え始めるものがある。ライヴ中、かみなりのゴロゴロいう音もまじる。雨は今にも降りそうだったが、ギリギリで降らなかった。それが少し残念だった。始まったと同じように、終わりのないまま、1時間ほどで実験ライヴは終わってゆく。

## skmt20050701@KYOTO UNIVERSITY OF ART AND DESIGN

### 243　スーザン・ソンタグ追悼シンポジウムにて

去年の12月28日、スーザン・ソンタグが死んだ。彼女は、作家、評論家であるだけでなく、劇作家、映画監督など多様な活動を行なった。彼女は自らも常に語ったように「書く人」であったが、同時に時代の危機の局面において、「語り」、「行動した」。彼女自身が書いた『ラディカルな意志のスタイル』という本があるが、彼女は誰にもまして「ラディカル」であることをやめなかった人だ。彼女が何より信条としたのは、「コトバによる世界の単純化」に抗することであり、「世界の複雑性の総体」をつかむということだった。

9・11以降、世界が戦争とテロに覆われていく中で、彼女は病魔におそわれながらも、ラディカルな発言をやめなかった。だから、彼女の死は人々の中において単なる

「喪失」以上のものを与えた。

「スーザン・ソンタグ追悼」のために何ができるか。もちろん、おざなりのセレモニーなど行なっても何も意味もない。生前スーザンと深い絆で結ばれていた木幡和枝氏や、何度も議論を繰り返してきた浅田彰氏によるシンポジウムの開催は、きわめて自然の流れと言ってよかった。坂本龍一と高谷史郎も、音と映像によって参加した。

会場は、京都造形芸大の春秋座。ASP学科の「芸術編集研究センター」の設立シンポジウムとして行なわれることとなった。

前日の「実験ライヴ」とは異なり、これは、まず坂本さんがスーザンの書いたテキストを選ぶところから始まった。彼女の最後の小説『In America』から彼は引用した。「夢、期待、恐怖にみなぎり神話の国となってしまった国、支えとなるべきリアリティのなくなってしまった国。ヨーロッパに住む者はみな、この国に何かしらのイメージを抱き、虜になっている。牧歌的で粗野な国を思い描きながら、この国に一縷の望みを託している。だが一方で、心の奥底では、この国が現実に存在するという確信を持てずにいる。しかし、ここに存在しているではないか！

何かが現実に存在していることに衝撃を受けるのは、その何ものかがきわめて非現実的なものに見えるからである。驚いたり、戸惑ったりするようでは、それはリアルとは言えない。現実とはちょうど、小さな意識の水たまりのように広がる渇いた大地のようなものである。現実に吸い込まれろ、現実を感受せよ！　……」。

引用はまだまだ続く。そして、アメリカ自体が「共産主義的」であり、あらゆることが試みられる「理想主義者の国だ」というくだりで終わる。パラドキシカルな「アメリカ」……。

高谷史郎はこのテキストを、暗闇に星くずがきらめくような三つの画面をつくり、そこにテキストが横断するように画面に流してゆく。そして続いて、高谷自身が旅のさなかに撮影したバレンシアやノルウェーの雪の風景が重なってゆく。

その映像に対して坂本龍一は、サウンド・コラージュを試みる。アルヴォ・ペルトの静かな音源。天国を捏造したり、悲しみに酔うのではなく、まるでソンタグの魂が地上をさまよい続けているかのような音と映像のセッション。

最後に、アニー・リーボヴィッツが撮ったポートレイトとスーザンの晩年の「声」をまとめた『良心の領界』からのテキストでその映像は締めくくられる。テキストは「若い読者へのアドバイス」からだ。

「検閲を警戒すること」「本をたくさん読むこと」「動き回ること」「暴力を嫌悪すること」……。

静かだが、その場に参加した者たちは皆はっきりと確信したのだ。新世紀の今、彼女は去ったが、スーザンから始めるのだということを。

skmt20050819@TOKYO

244　blog/tour

彼は8月からblogをスタートさせている。今までも自分のweb上で日記スタイルの連載はしていたけれど、よりいっそう自分がアクセスして得た情報を他者につなぐ姿勢が明確になっているように見える。もとからの日記も、きわめて簡潔なものだった。しかし、今は自分の日常報告的なトーンはもっと薄まり、マスコミの表面には出てはこないけれど、web上で世界を飛びかっている重要な情報、ニュース、データ、思考をピックアップし、日々、blogにあげてゆく。地球温暖化、環境破壊、小泉郵政民営化の本質などのイシューを日々とりあげ、コメントしたり、リコメンドするリンクをあげてゆく。

しかしそれは、ジャーナリストのような使命感からくるのではない。自分が日々生き、サヴァイヴしていくためにアクセスしていることを公開しているにすぎないのだろう。孤立をおそれず、高速で、彼は判断し、生きてゆく。それもラディカルな自然体で。

２００５年は、ここ数年以上に、彼にとってツアーで多忙な年だ。移動につぐ移動の日々。何かが向こうからやってくる予感と毎日の現実。ノマディックな生活に対応するかのように、彼はtour blogにもとり組む。7月の頭に日本に帰国してからは2005 tour blogがスタート、今回は95年以来のひさびさのバンドスタイルでもある。スティーヴ・ジャンセン（Drums, Percussion, Computer Programming）、クリスチャン・フェネス（Guitar, Computer Programming）、スクーリ・スヴェリソン（Bass,

Guitar)、小山田圭吾（Guitar, Computer Programming）による5人組。リハーサルにはＩＣＣで回顧展「時間の記録」のために来日していたローリー・アンダーソンもやってきた。東京、大阪、名古屋、福岡のツアーの裏側を、彼は自ら撮った写真とテキストでレポートしてゆく。「あっという間」と彼も言うほどの集中したツアー。それに加えて元ちとせと広島原爆ドーム前での生演奏、そして、ひたちなかRock in Japan ２００５への出演。８月８日のＩＣＣでの即興ライヴ。blogから彼の発言を引用。

ちょっとスムーズにいきすぎかと思えるほど、うまくいった。やはり短かったとはいえ、ツアーで培ったアンサンブルが即興にも生きていた。具体的には、誰かが自然発生的に方向性を示すと、パッと全員がそっちの方向に向かう。なんか熱帯魚とか、象の群れのよう。その反応がよすぎて、もう少しアモルファスな状態が長く続いてもよかったと思うのは贅沢だろうか……。

## 245　ライヴ／楽しさをみつける時間

想定外に（笑）、収穫が多かった。もちろん当初からCDを再現することは目的にはしてなかった。そのためだけならコンピュータをスタートさせればいい。すでに100％わかってるわけだからさ。だからライヴをやる意味というのは、むしろわかんないことを目撃したいってこと。ある種の混沌かもしれないし。それを得るには、いっしょに旅してくメンバーが大事なんだ、当然ね。

彼がリハーサル前にそれぞれのメンバーに送った基本コンセプトがある。それは、「音楽として成立する土台は僕がNYでつくって持っていきますから、それぞれがリハーサルの中で自分で楽しみを見つけて下さい」だった。それこそ200号ぐらいの大きな絵をみんなで描く。絵のテーマは決まっているけど、リハーサルの1日1時間で絵はどんどん変わってゆく。そんなイメージを共有すること。

ツアーが始まってもリハーサルの延長みたいなものだった。ツアー中もどんどん形が変わっていく。確かに最後の福岡で完成したって感じだけど、そこで可能性を終わらせてしまうのはもったいない。えっ、止めるの⁉　みたいなね。でも選曲はすごくシビアにしていて、リハーサルの最終日に決めたんです。代表曲にしても換骨奪胎してキャズム化されてるわけだから、まさか《戦メリ》を再現するために小山田君に演奏してよなんて、ありえない。《戦メリ》はもうこれで成立してるから、その上で遊んでくれってことなんで。

今までも公言しているように、彼は即興音楽が好きではない。フリー・ミュージックと称しているのに、逆に「自由」に縛られてくる経験が多いからだ。

君は自由になってないって怒られたりとかさ（笑）。できあがったパターンをつくりたくない、壊したいってどうしても思ってしまうから空回りもする。だけど今回は予想したよりも面白い感じがした。確かに僕の曲がもとになっているんだけど、みんなそんなことをほとんど頭から忘れて音を出していた。オリジナルとか誰がつくったとか気にしてなかったしね。

## 246　旅の途上で／ファンタジー／想起する力

「ツアー中ずっと考えてたことがあった気がするんだけど、忘れちゃったなー（笑）。

なんか緊張状態はあった気がするんだけど、わかんなくなっちゃった」と彼は笑い続けてる。

異常なほどの暑い夏の日だった。そして突然の国会解散、総選挙へ。僕たちは郵政「民営化」のうしろにあるアメリカの動きについて話し合う。郵便貯金３４０兆円がいかにアメリカ国債へと流れ、イラク戦争などを支える財源へと流れてゆくか。

そうなったら他に売るものが土地しかないから、政府は次には日本の国土そのものを売りわたすかもね。

二人でラップトップを前にしてblogを見る。今年の夏のtour blog。「毎日更新してたんだ」。画面に大阪でのライヴの模様があらわれる。「大阪の南港はほんとに崩壊してるよね。あのビルの名前ってWTCって言うんだよ！」。名古屋、福岡。そして彼が撮った広島の壁に残る黒い雨の写真。法然院でのライヴの思い出……。

突然思いついて「ファンタジー」の話題を僕がし始める。

――ルーカスの『スター・ウォーズ』なんて最大のファンタジー産業だけど、今、若いアーティストたちも形は違うんだけど、すごくファンタジーの中に生きようとしてる気がするんです。

現実もファンタジー化してる。境はどんどんなくなる。でも大切なのは、むしろファンタジーの力を回復したいっていう動きだろうね。

カルロス・カスタネダのナワールの力や、レヴィ＝ストロースの「野生の思考」。縄文人たちが持っていて僕らが失ってしまった力について二人で話し続ける。そしてミヒャエル・エンデのこと。神話という形で残されてきたものについて。僕は読んだばかりのル・クレジオの小説『はじまりの時』を彼に薦める。加えて『オニチャ』『パワナ』……。

クジラを捕ったりシャチやクマと闘ったり。僕らの祖先はさ、いろんな形で自然の力と触れあってた。アメリカ先住民だと「グレート・スピリット」。それが源泉だよね。それに戻りたいんだよね。海なんて今もそういう力がある。身の危険を感じさせる生と死がスレスレに同居するところ。それがやっぱり基本だろうね……。

音は、からだの奥底にある「何か」を想起させる。そう、あのＩＣＣのライヴにはその力が感じられた。僕はあの日、さまざまなイメージが喚起されてきて、それをあわててメモしたのだと彼に告げた。彼はその話を継いで話し出す。

昔さ、最初にドビュッシーの音楽を聴いた時、行ったことのない時代や場所を懐かしく思い出すっていう体験をした。自分が生まれる前の１９２０年代のパリとかの、その感覚を。しかも懐かしむ感覚がくるんだよ、あの音を聴くとね。なんだろう、不思議だな（笑）。でも、気持ちいいよね、そういうのって。

日本でのツアーは終わった。しかし、彼の旅は続く。10月はカールステン・ニコライとの１カ月にわたるinsen european tour 2005。そして12月には再び日本へ戻ってのピアノ・ソロツアーだ。

## 247 カールステン・ニコライとともに／（音楽のルーツ）

年末のピアノ・ソロツアーの時は、ライヴ後に楽屋で話したりはしていたけれど、時間がまるでとれず新年になってしまった。そこで、NYへ帰ったばかりの彼への電話インタヴュー。彼は2005年、三つの種類のライヴをこなした。バンドツアー、そしてカールステンとのコラボツアー、そしてピアノ・ソロツアー。誰がこんなことをなしえるんだろう？　まずは、もう、ちょっと時間は経ってしまったが、昨年10月からのinsen european tourのベルリン、ロンドン、パリ、ローマ、ミラノ、ヨーロッパの都市をめぐるカールステン・ニコライとの旅の話から。

カールステンと彼は、今まで2枚のCDをリリースしている。1枚は『vrioon』、もう1枚は『insen』。一緒にレコーディングはしてはいたけれど、実は同じステージでやるのは初めてだった。「1カ月にわたって一緒にいたのも、もちろん初めてだし」。彼がベルリンのTegel空港に一人で降り立った時、出迎えに来たのはカールステンたった一人。それから約1カ月間ほとんど二人きりの、旅の始まり。

それで、カールステンがバンを運転しててさ。まるで新人バンドみたいな感じだった。

カールステン・ニコライは1965年、旧東ドイツのカール・マルクス・シュタット（現ケムニッツ）に生まれた。自らのレーベルraster-notonを主宰するミュージシャンであり、電子音とヴィジュアル・アートを用いた独自の手法で、国際的に高い評価を得ているアーティストだ。テクノ、ノイズ、ポエジー……。彼の表現をコトバで固定することなんてできやしない。

僕たちは東ドイツがどんな国だったかよく知らないから、いろいろ想像をふくらますでしょ。ツアーをやってると膨大に時間があるから、当然彼の生い立ち、旧共産圏時代の国という環境で育った人間から話を聞くことになる。僕は新左翼だったし（笑）、スターリン主義の共産圏には非常に反発もあるし、同時にもちろん資本主義にも反発を持っている。だから、旧東ドイツの人たちが、ベルリンの壁崩壊後、どんなふうに考え現実に対応しているのかとても興味がある。でも実体は知らないからね。例えば、カールステンがどれくらいロシア語が喋れるかとか。まあ当然ペラペラなんだけど、彼はあんまりそのことには触れないんだよ。

彼と話してると、彼の子ども時代に見たり聞いてた放送は、ソ連のものが主だった。カールステンがその頃「何にアートを感じたか？」っていう話になったんだけど、彼曰く、その放送の中に、政府がまずいというメッセージがあったりすると、流しちゃいけないところが、まるで検閲の黒墨みたいに、延々とまったく意味のない「ロシア語の数字の羅列」になっちゃうんだって。ロシア語で数字が延々としゃべられる。なんか工作員がやる暗号の数字みたい。ああいうランダムな数字。それがものすごくアーティスティックで「音楽」を感じたんだって（笑）。それが彼の、アートのルーツだって言う。彼らしいね。

でもそれは音楽じゃないわけだよね。それを音楽として聴いたということは、つまり極論してみれば、「アートのルーツ」だって、「アートじゃないことにアートを感じる」ということ、「コンテクストを外す」っていうことが原点でしょ。「夕焼け」だとか、「海の光」という、そういう意味性を全部剝ぎ取って、「光自体」として見ていくことが印象派から始まる流れだからね。だからカールステンって、それに近い。１９６６年以降、最新動向は知らなかったかもしれないけど、当然20世紀アートのことは彼も知っていただろうしね。

彼が最初に衝撃を受けた西側の音楽って、ローリー・アンダーソンで、すごく感動したらしいんだ。きっとローリーの「オー・スーパーマン」だと思うけど、今でも彼のアイドルだって。どう衝撃的だったかって？　それは聞き逃しちゃったな（笑）。

ツアーではカールステンの故郷である旧東独の街ケムニッツも訪れた。そこはアウディの発祥の地としても知られるが、ある種「バウハウス的なものが、社会主義的に発展した街のたたずまい」を彼は感じた。

東側のデザインってなかなか面白い。カールステンはもともと建築出身で、今回のステージ・デザインもやった。行ってみて初めてそのデザインを見たんだけど、すごいクールだった（ピアノに対してラップトップのテーブルは多角形。その二人の後ろに映像も映し出される）。僕はピアノを弾いたわけだけど、ピアノってすごく存在感があるし、非常に完成されたカタチをしている。片やカールステンは、ラップトップでしょ。だから、ステージ・デザインも考えたんだろうね。

彼と一緒にやっていて一番感じるのは、彼が「ノイズと音楽の境目、境界領域」を扱っているということ。彼の音楽は、音楽というものがノイズのほうに溶解してゆくもので、どうしても彼はそこが好きなんだと思う。それはまさにジョン・ケージ的な領域だよね。本人はケージが嫌いだと言うんだけれど、僕にはとてもケージに近いものを感じるんです。

曲には「名前」がつけられ、どのような要素を使うのかはあらかじめ二人で決められている。ただ、変更は自在だし、場合によっては、二つの曲をつなげたりマージしたり、フレキシブル。曲はあるけれどかなり自由なのだ。しかし即興ではない。

フェネスたちとやったバンドツアーは、はっきりとした曲の形態があって、その上で即興していた。曲というベースがあった上で、バンドメンバーがそれぞれ勝手なことをしている。曲の上に即興が積み重なってる感じだけれど、カールステンとのコラボレーションだと、僕とカールステンが、横に並列していて、かなりの自由度をもってやっている気がする。曲と呼べるような、決まったメロディとかリズム・パターン、パーカッションの音色とかはあるんだけど、僕がそのメロディを弾くかどうかはまったく自由だし、曲の長さも自由。5分を10分にしたりとかね。

二人はユーロ圏のいくつもの国を旅する。「街によって少しずつ意識も変わっているのかもしれないな」。

僕たち一人一人がやっていることは、とりたてて新しいとは言えないかもしれない。だけど二人でやると、何か、新しさがあるんだ。いつまで飽きないで続けられるかどうかはわからないけれど。今年もバルセロナのソナーに出る。6月、7月頃にはまたひと月ぐらいヨーロッパツアーをやるつもり。去年行かなかったウィーンやデンマークにも行ったり……。

彼は年末のピアノ・ソロツアーで福岡に行ったついでにYCAM（山口情報芸術センター）へ足をのばし、カールステンによる空間インスタレーション作品《synchron》の設営に立ち合うことができた。

まだオープニング前でね。レーザーによる光のパターンを鍵盤で弾けるんだよ。かなり遊ばせてもらった。全然飽きないんだよ。いいクリスマス・プレゼントだったな。

電話のむこうで彼が、カールステンとのコラボに、何か言い様のない「可能性」を感じていることが伝わってくる。「可能性」、その感覚は、この時代において、なんと重要なことだろう。彼は今年、ニューアルバムを計画していると言った。次はニューヨークで会おうと約束して深夜の電話は終わった。

## 248　お正月の読書

ピアノ・ソロをこなし、年末はめずらしく温泉。お正月の読書リストは、柄谷行人『近代文学の終り』、中沢新一『アースダイバー』、あとは二葉亭四迷『浮雲』（「やっぱり、言文一致を読まないとね」）。

## 249　大雪のこと

洪水からちょうど1年。今年の冬は記録的な雪害となった。

温暖化によって、北極海やヒマラヤの氷河がすごく溶けて、大気中の水の量が増え、それが地表に落ちてくる。だから今後も、大洪水や大雪の被害が続いてゆくよね。で、あるところに大量に降れば、まるで降らないところも出てきて、同時に砂漠化も進んでゆく。怖いのは、雨で土壌が流出してしまうことでしょうね。必然的に食糧危機が繰り返されることになる。

最悪の事態は、シベリアの永久凍土が溶け出すこと。メタンが出たらもう一瞬にしてアウトですよ。メタンはCO²の1万倍もの温暖化ガスだから。

彼のblogである「ひっかかり」を見ていたら、ジェームズ・ラブロック博士の新しい本が出ていることを知る。『The Revenge of Gaia』。温暖化に関してはもう手遅れという内容だという。


skmt20060312@NEW YORK

250　エロティシズム／自然の力

午後の訪問。雨上がりのNY。

彼は地下のスタジオにいる。クリスチャン・フェネスとのアルバムのリミックス。もう、足かけ3年ぐらいやっているんです、どこかで区切りをつけなきゃねと思ってるんだけどね、と言う。今日は週末だから、スタジオには誰もいなくて彼一人。自分で紅茶を入れてくれる。

別に行きたいところなんてないしね。旅行嫌いだし。行っちゃったらすごくいいんだけど、途中が嫌い。だから、旅行なんて、目を開けたら違う場所だったりすれば、こんなに楽しいことはないけどさ。

本を読んでいる。何？　と聞くと、あんま題言うと恥ずかしいね、と言う。ジョルジュ・バタイユ『エロティシズム』。あとは？　リン・マーギュリスの『不思議なダンス――性行動の生物学』を読み直しているところ。読書の理由を訊いてみると、どうやら、以前から考えているエロとエコを結びつけた雑誌を作ろうと、ある「エコ系」の雑誌をまきこんで出版を企画しているというのだ!!

人間の根源でしょ、エロくなきゃしょうがない。codeなんか、一番最初にエコのことを始めたし、一番ハイブロウだった。だからその反対ですよね。でもエロじゃないと寄りつかないでしょう、特に「野郎たち」は(笑)。

彼は日本の社会は自民党の体質が一番よくあらわしているんだよと言った。「野郎」の社会、お金、利稼ぎ、まさに暗黒大陸。

あれがエコ化してくれないとね。解凍してかないと。エコ雑誌はたくさんあるけど、まだまだきれいごとでしょ。このままじゃどんどん手遅れになってしまうから。

彼が「エコ×エロ」を言うのは、ふざけてのことじゃない。「野郎」たちに関心もってもらわなきゃダメでしょという実感からの企画なのである。

でもさ、僕が出す企画って、全部カタクなっちゃって。やっぱりバタイユとかマーグリスになっちゃうからさ(笑)。このあいだ出版されたラブロックの新刊じゃないけれど、最近、偶然が重なるように、危機的な科学レポートがどんどん公表されてる。北極だけじゃなくて、南極の氷も溶け始めてるとかね。

これは僕の勘だから調べようがないんだけどね、と前置きし、彼は「科学者が言うよりずっと早く、壊滅的な災害が多発するようになるだろうって思ってたんだ。薄々感じてたことが現実にあきらかになっていく。温暖化する温度の幅も、以前予測されていた幅よりも相当高くなるって、最近ある科学者が言い始めたり……」

彼は時々、近くを散歩し、ハドソン河を見に行く。

水位を見るんだよ。もちろん潮位は季節や時間帯によって変わる。でも結構ギリギリまで水が来ていたりする。もちろん、そのままマンハッタン島が水没するってことはないだろうけど、ひとたび上流で大雨が降ったり、大雪になったらどうなるんだろ。今、水による被害が加速度的に世界各地で起きているでしょう。ハドソン河上流で大量の雨が降れば簡単に大洪水になってしまう。マンハッタンって、地下に、ケーブルとか、電話とか、重要なインフラが全部あるんですよ。そうなったら大混乱ですよね。

データとかも全部お釈迦です。

毎日そう考えてるんですよ、と彼は淡々と語る。ハードディスクも地下にあるし、避難させられるかどうか。潮位が上がって水没しそうな南太平洋に浮かぶツバル島のことは、遠くのことだと言ってられなくなるでしょう……。

## 251　利己的なアメリカ

アメリカ人というのは、自分たちの健康や安全、生活が脅かされることに対して、非常に文句を言う人たちです。利己的なまでに、主張します。昨年、ハリケーン・カトリーナがニューオリンズを襲いました。その時、アメリカ人の中には、相当ドキッとした人も多かったと思います。

確かにあれは南部で、しかも被害を受けたほとんどが黒人だった。ほとんどの批判が、人種問題のほうでとりあげられてはいるけれど、もっと根本にある、地球温暖化への意識には矛先がむいていないし、対処・行動に移すところまではとても行っていない。

アメリカ人は、極論すれば、世界一、利己的なまでに、個人の権利を主張する人たちです。逆に、自分に関係なければ、関心はまったくない。他人が災禍にあっても、まだ自分たちだけは助かるに違いないって思っている。

でも、ひとたび、自分の生活が脅かされるようになれば騒ぎ出す。利己主義にもいい面、悪い面、表裏一体だと思う。

でも、世界のＣＯ²の排出の実に25％はアメリカが出しているわけだから、アメリカ人が変わってくれることは、世界にとり、とても大きい。地球が救われるかどうかはわからないけど、滅亡までの時間が百年ぐらいは猶予されるかもしれないよ。科学者はよく小惑星のたとえ話をする。ぶつかることはわかっている。何もしなければぶつかってしまうんです。地球温暖化も同じで、対処するのは早いほうがいいわけです。対処するのが遅ければ遅いほど、被害も大きくなるし、滅亡が早く近づく。自然がその力を見せつけるような災害がたて続けに起こっているでしょう。

しだいに考え始めていると思います。あの利己的なアメリカ人たちでさえね。

## 252 レクイエム／ナム・ジュン・パイク

今年の1月29日、メディア・アーティストのナム・ジュン・パイクさんが死去した。73歳だった。ソウル生まれの彼は、東大の美術史で勉強したあと（卒論はシェーンベルクだった）、ミュンヘンへ行き、シュトックハウゼンらから作曲を学んだ。その後、エレクトロニックTVを使い、ビデオ・インスタレーションやパフォーマンスを精力的に行なった。

彼のクリエイションを、とても一言で整理することなどできないが、彼は同時代人たちに、自由とその精神についてのたくさんの種をまいた。

彼の死後しばらくして、世界中で彼をトリビュートするイヴェントが開催されていった。ニューヨークで、ロサンゼルスで、チューリッヒで、バルセロナで、ソウルで、そして日本で。東京都現代美術館でもまたパイクさんのレクイエム展が行なわれた。

「言ったっけ、パイクさんのお葬式に行ったこと。その後、日本での追悼イヴェントのために曲を作ったんだよ（といって曲を部屋に流す）」

「タイトルは何て言うんですか？」

「ないんです（笑）。ちょうど知人が、草月ホールでヨゼフ・ボイスとやった時の音を持っていて、それを一部使ったんです」

実際に彼がパイクさんに会ったのは、80年代に来日した時という。

「でも60年代からずっと知ってた、写真でね。色白でハンサムで、やせててね」

僕は彼に質問する。

「あなたにとって、ナム・ジュン・パイクってどんな人でしたか」

彼は即答する。

「アイドルですね」

パイクさんが死に、彼はその当時のものを引っぱり出して、読んだり、聴いたりしているのだと言った。

フルクサスを知った時、同時にヨゼフ・ボイスのことも知ったんだけど、当時は、全然ピンとこなかった。いや、彼の作品は好きだけど、ボイスの考えってよくわからなくて。彼がエコロジーのこととか言ってても、全然ピンとこなかった。今？　ものすごくピンと来るよ（笑）。今はすごく切実、ボイスって大事だなあって。最近、ブームなんです。エコ×エロ、パイク、そしてボイス。乱暴だなあ（笑）。

## 253　PSE法をめぐる

ＰＳＥ法は、「電気用品安全法」のことだ。彼は今年のはじめ、その存在と問題をある友人からのメールで知り愕然とする。それによれば4月1日から、電気楽器をはじめとするすべての電気用品の売買が不可能になるというものだった。これではもちろんヴィンテージ・シンセもすべて失われてしまうことになる。3月に彼は、急遽帰国し、記者会見に参加したり、呼びかけを行ない、ＰＳＥ法反対7万5０００人の署名を集めるに到った。その結果、国側は中古家電の販売を事実上容認する姿勢を打ち出すこととなる。法律自体は改正されたわけではなく、まだまだ先行きは不透明。彼がサイトに書いたＰＳＥ法についてのメッセージの中から、抜粋して、ここにも載せておきたいと思う。

古いものは貴重です。それが失われたら、もう取り返すことができません。何も楽器だけのことではありません。街や言葉や技術や思想、自然の生き物なども、同じことかもしれません。現代は古いものを壊して、新しいものをつくります。20世紀に加速したこの傾向は、まだ続いています。

なぜそうなのか？

これは決して「気持ち」や「精神」の問題ではなく、経済の問題です。経済の要請からきているのです。例えば巨大都市開発をする人間たちが、古いものが嫌いなわけではないでしょう。もしかすると骨董が趣味かもしれない。しかし、経済の否応ない要請として、古いものを壊し、新しいものをつくるしかないのです。

事の本質は、いらぬ公共事業としてのダムや橋建設、あるいは護岸工事などと同根です。これらすべてが、目先の利益のために貴重な自然を破壊しています。自然を破壊することによって、そこに依拠している種の多様性も破壊しているのです。どのみち人間は自然の一部であり、自然に依拠しなくては生きていくことはできません。ですから必ず破壊した自然のツケは、自らに回ってきます。

もうそろそろ、20世紀型の自然破壊の経済を考え直して、持続性にもとづいた経済というものを考えなくてはなりません。その萌芽は、世界中に生まれつつあるのではありませんか……。

話が大きくなり広がりすぎましたが、実際、歳を重ねてくると、古いものの良さ、かけがえのなさがわかるようになり、古いモノ、あるいは街並みなど、長い時間を生き抜いてきたものに対する慈しみ、愛おしさの感情がより増してきます。間もなく施行されるPSE法も早急に改正され、われわれの貴重な財産が永遠に失われることのないように望んでいます……。

skmt20060614@BARCELONA

## 254　楽屋にて／ALVA NOTO+SAKAMOTO insen EU TOUR

今回のツアーは、全部で11カ所。その中に、バルセロナでのイヴェント、ソナーへの参加も含まれている。ツアーは、ポルトガルのポルトから始まり、そしてリスボンへ。そして昨日、彼はバルセロナに到着した。オーディトリアムの楽屋での対話から始めよう。

ポルトからリスボンに着いた時にさ、昔からの友達がいるんだけど、別に悪気はないんだけど、観光に連れてかれてさ、それも5、6時間（苦笑）。僕って観光が一番嫌いなんだよね。一応「行きたくないよ」って言ったんだけどね。リスボンは今まですごい好きな街だったのに、もういっぺんで嫌いになっちゃった（苦笑）。ポルトとリスボンって、東京と大阪、ローマとミラノみたいにお互い「あっちは最悪」って言い合ってて、それを聞かされるってこともある。ポルトの人は「リスボンで一番美しいものは、道のサイン、〝ポルト行き〟の道路標識だよ」と言うし、さらに「ファドはリスボンのやつらの音楽で、ポルトの人間は聴かないよ」って言う。やっぱりね……でも、もう観光はたくさん!!

昨日思いついて、ジョナサン（・バーンブルック）にSTOP ROKKASHOのフライヤー・デザインを頼んだんだよ。ソナーにはDJとか、いろんな人たちが世界中から来るからさ。そこで、六ヶ所村のことについてばらまく。今朝、ジョナサンからすぐデータが来て、ソナーのディレクターのエンリケに相談したら、簡易印刷で1、2時間で刷り上がるって言う。頼んだら、もう完成!! バーッとこの3日間のあいだにばらまけるでしょ。

サイフからお金を出して何を支払ってるかと思ったら、それはなんと印刷代。ストップ・六ヶ所プロジェクトは、team 6による楽曲がiTunes Music Storeでヒットしたり、次々にリミックスされ、増殖し続けていったり、あるいは、この活動に共感した世界中のアーティストたちが、webに作品提供している。

昨日バルセロナに来て、急に思いついたの。それまで全然気がついてなくてさ。考えたら、アピールするのに、こんないいとこはないわけなんだ。

## 255　諏訪への旅

彼はパソコンで僕にデジカメを見せる。奇妙な気分になる。バルセロナの楽屋。あと30分もすれば、カールステン・ニコライとのライヴ・セッションが始まろうとしている。でも、今、ここには、STOP ROKKASHOと諏訪神社について語る「彼」がいる。

これが諏訪神社の前宮。これは天竜川の源流だね。上っていくと大きな岩があるんです。御神体。

写真には遺跡が写っている。文化人類学者で、今年、多摩美術大学に芸術人類学研究所をつくった中沢新一との旅が始まっているのだ。

これはミシャグジ（巨大な石棒）。縄文中期の遺物。たぶん当時、祭祀に使っていたんだろうね。諏訪の神社の前宮は、先住民族の神社なんだけど、その前は縄文の遺跡だったんだ。大和朝廷が日本を征服した時、全国各地にあった先住民族の聖地は大和の神社に変えられたけど、諏訪は完璧に占領はできなかった。だから諏訪は、先住民族と大和の両方の神社がいまだにある、珍しいところ。

蛇や蛙の形象が刻まれた岩。「まあ、蛇が男性で、蛙が女性っていう神話が、縄文中期の一時だけど、諏訪には、はっきりある」

面白いのはね、諏訪の人の中にはいまだに、自分たちは「大和」じゃないっていう意識があるというんだ。完全には征服されなかったから。でも、縄文直系ではないと思う。混血してるんです、後から来た農耕系の人たちと。弥生人にしても、大和族じゃない農耕民もたくさん来ているし、縄文系だって、大きく分けて2種類いたはずで、北方系と南方系。いわゆる隼人《はやと》とか熊襲《くまそ》っていうのは南方系で、たぶんそっちのほうが先に来ていた。学説は分かれてるけど、僕はアイヌはもともと南方系だと思う。ただ、生活様式は北方系なんですよ。南から来て北上して東北、蝦夷《えみし》に到達したんじゃないか。六ヶ所村にはね、アイヌより前の、縄文中期ぐらいの遺跡がたくさんある。5000年ぐらい前かな。

彼はしゃべり続けている。先住民の土地が侵略者によって蹂躙されていった物語を。

大和朝廷が攻めきれなかった山岳地、半島の先にその文化は残されることになる経緯を。「例えば房総半島なんて、東京にあんなに近いのに訛りも強いし、びっくりするね」

新たな旅・フィールドワークの始まり。「次はどこへ行く予定にしてるんですか？」と僕は訊く。

福井かな。あそこには5つぐらい原発があって、みんなすごい僻地。原発ができるまでは、山を馬で越えていくような場所だったらしい。でもそんなところにこそ原発が作られるんだね。日本には今、原発が55基ある。でも、ほとんど、縄文の遺跡があるところとダブる。不思議だけど権力側の無意識がそういうところを探し当てるっていうか、蹂躪するという意識はなくとも、ぴたっとそういう場所を探し当てちゃうんじゃないかな。

僕たちは諏訪の太古の遺品を見ながら、縄文人と弥生人たちの戦争の話をする。なぜ「共存」という方向に人類の文化は進んでゆかなかったのか。御柱や石の写真を見る。石の表面には目や渦が描かれている。ケルトや縄文はなぜ、抽象的な紋様を描いたのか。デジタル写真のスライドは次々に彼がとり込んだ映像を映し出す。それを見ながらの話は続いてゆく。

最近読んでいるのは『歌うネアンデルタール』っていう本。ネアンデルタール人と僕らの脳はほとんど近い。でも彼らの脳は博物学的な知識には長けていても、知識をコネクトさせ組み合わせるのは苦手だった。つまり、「象徴化」できなかった。「象徴化」というのは、アナロジー、類似。つまり異なるものを「似てる」と認識すること。それが比喩という能力。それによって言語が圧倒的に豊かになり、象徴的思考ができるようになり神話が誕生した。人類はその力によって文明をつくったんだ。資本主義だってそういう象徴思考の産物だからね。数学も科学も経済も象徴思考の産物。それがあったから、古い共同体を破壊したり、戦争を起こしたりする。それがなければ人口爆発だって、起きなかったろうにね。

パソコンの画面には、ナム・ジュン・パイクの「ＴＶブッダ」が映る。「いろんな映像を収集してる。ネアンデルタールのハンターみたいにね（笑）」

彼は、じゃあ、そろそろ行こうかとパソコンをたたむ。

１回目のステージは８時半頃終わるかな。また来てよ。次のステージまでの間に話そうよ。

## skmt20061120@TOKYO

### 256　アモルファスな人生へ／アブストラクトな旅へ

この夏のことだ。僕はチューリッヒの空港でバルセロナ行きLX1954（何と僕が生まれた年と同じ数字だ）を待っていた。定刻にまだ早過ぎて、待合室は人がまばらだった。時折、鐘のような音がロビーに響き、どこかへ向けて離陸してゆく便がアナウンスされる。

ぼんやりしていると、まずスーツ姿の黒人がやってきて、僕の前にすわった。彼はすべての指に銀色のリングをはめ、ドレッドヘア。黒いベースギター1本、グレーのバゲッジ1個。すましてあたりを見回し、そして微笑んで、ひとりごとのように言った。

「さあ、今日もオレは最高だぜ」と。

そのコトバは僕に向けられたものではなかったけれど、僕をつき動かすものがあった。しばらくすると、渡り鳥が集まるみたいに、メンバーがやってくる。美女、太ったパーカッショニスト、そして眼鏡をかけたひょろりとした男。彼らはふざけあっている。ツアーだ。

見知らぬ、無関係のことが、無関係ゆえに働いて、気持ちを救ってくれることがある。その時僕はとてもメランコリックな気分で、その渡り鳥たちが、とてもありがたかった。一生は1回きりで、いま・ここは二度がない。刹那ではなく、明るい知恵のオーラが彼らから出ている。

バルセロナのソナーは、MACBAのメイン会場とは別の場所、オーディトリアムで坂本龍一とカールステン・ニコライの二人がinsen tourの一環としてライヴを行なっていた。ポルトやリスボンでスタートしたツアーは、2日に一度はステージが組まれている。今日はなんと2公演。7時スタートの1回目が8時半頃終わり、楽屋にひきあげてきたので声をかける。

後藤（以下G）　演奏の時の自由ってどれぐらいあるの？

坂本（以下S）　ほとんど自由。まあ、ステージごとに少しずつちがうぐらいだけど。

G　カールステンの部分は？

S　足し算、引き算はかなり自由。素材がバラバラになって、大まかな構成やどのパターンを使うかは決めてるけど、全部リアルタイムで反応してるから。nothing taped。あらかじめレコーディングされたものは何もないんだよ。

G　その場の反応で決めていくんだ。

S　いいでしょ、禅みたいで（笑）。

楽屋にいきなり二人の黒人の来客。それは何と、あのチューリッヒからの飛行機で同じだったミュージシャンたちだった。

S　このでかいのがオマー・ハキムといってウェザー・リポートのドラマーだった人。今回のナイル・ロジャースのシックのメンバーだよ。

G　こんなところで!! じゃあ、あれはナイル・ロジャースだったんだ。

S　彼は、シックがヒットしたんで、ものすごくたくさんのプロデュースの仕事がきちゃった。シックの復活が、今年のソナーの大きな話題なんだよ。

坂本さんとメンバーたちがふざけあい、記念写真大会のはじまり。話は中断。

でも、こんな調子の中での会話（インタヴュー）を僕は坂本さんに対して、毎月、もう10年近くも続けてきた。それは『ｓｋｍｔ』というタイトルのもとに雑誌に連載され、単行本化されてきたし、『ｓｋｍｔ２』も、もうすぐ出版される。東京でＮＹで、イタリアのツアーの途上で、僕はある日、彼を訪ねて突然の出会いがしらでインタヴューしてきた。別にテーマも決めずインタヴューを始めることを続けてきたのだ。「訊きたいことが無い」ことから始めて、「何か」を訊き出している。それこそがインタヴューの究極の快感のような気がする。

G　ステージを見てて思ったんですが、すごく抽象的なことをやっていながら一番エモーショナルなことをひき出してるでしょう?

S　あえてやろうとはしてないんだけど。結果的にそんな反応がなぜ起きてしまうんだろうかっていうことを、去年からやりながら、疑問というか、面白いなあと思ってる。南イタリアとかでもすっごいエモーショナルな反応があったしね。不思議、なんでだろう?

G　抽象的っていうと、僕らはなんか頭でっかちに考えるけど、もともとアボリジニでもネイティヴ・アメリカンでも、装飾ってみんなアブストラクト。きっと抽象的なもののほうが官能的だって、本能的にもともと人間は知ってるんじゃないかな。ステージ見ててそう思った。

S　うんうん。

G　坂本さんとカールステンの出会いというのも、突然じゃなくて、二人とも別々なことをやっていて、今、互いに必然があって出逢ってる感じがする。コンピュータとか使ってるけど、結局は「自由度」をあげるためにやってるわけでしょ。

S　コンピュータの計算能力が早くなったから自由になったって言うと、つまんない話になっちゃうんだけど（笑）。この5、6年のこと。以前は時間軸にけっこうしばられてた。今は、要素だけを準備していけば、後は自由に出していける。

G　それが原因してるんだ。

S　エモーショナルな反応と関係してるだろうね。

G　ピアノを触わってる時の感情っていうのは？

S　すごく原始的な感じで。ピアノを聴いてる時間をわざと長くしてるんだ。そうすると、もうピアノの音なんだか、背景のノイズなんだか、わかんない領域にまで行ってしまう。まだ響いてるんだけど、聴こえない、ピアノの音だとは認識できないところまで行く。そういうふうにやってる。ま、ジョン・ケージみたいな意味でのミュージック・コンクレート。楽器っていうものも、例えば（スプーンで机やガラスを叩いていく）こういうのと本来は変わんないんだけど、近代的な技術であんなカタチになった。でも、引っかいたり、ぶったりするように楽器を使えば、つまり、サウンドとノイズの境界の曖昧なところから何かを引き出そうとしてるわけだよね。
G　そういうことを、カールステンと議論したりするの？
S　いや、全然してない。でも、きのう記者会見をやったんだけど、カールステンが言うには、彼は音楽を音楽的には聴いていないのね、物理現象として聴いている。
G　やっぱり（笑）。
S　だから、彼にとっては、ピアノの音が鳴ってもテーブルを叩いた音も物理現象としては同じ。
G　今回の坂本さんって、ある種のジョン・ケージだね。
S　僕の中のルーツというか（笑）。ジョン・ケージ的なものと、クラシックやビートルズが入りまじったものから始まってるからさ。
G　坂本さんというジョン・ケージがピアノの前にすわってるんだけど、インタラクティヴな映像を東独出身のカールステンという抽象度がやたら高い人と反応しながらやってるのが、何ともスリル。
S　しかも、カールステンは、ジョン・ケージ嫌いなんだよ（笑）。

G　僕がインタヴューした時も、はっきりそう言ってた。でも、ああいうことをやってると逆に、身体的なこと、生理的なこと、ある種の初的（プリミティヴ）なことにフィードバックされてくると思うけど、実感ありますか？

S　あのね、例えばお茶のお手前とか。想像するに、一挙手一投足が、カタに拘束されてるでしょ。ルール違反の動きをしちゃいけない。何十年も訓練してやっとその先に何かが見えてくる。

G　自由だね。

S　ぽっと向こうにね。自由度が増してくる。なんて言うのかな。アナーキーな自由とは違うんですよ。やっぱりちょっと、お茶のお手前みたいな抽象性。カタチに、よりそっているんですよ。

G　でも、例をあげればピアノ・ソロ公演の時みたいな重苦しい緊張感が今回はない？

S　全然ないよね。自由っていうのは、簡単に言えば、自分を忘れていられる状態が自由。だからカタチにはめた動きをやってることさえも忘れちゃう瞬間が自由なんだと思う。究極にリラックスしてる時だろうね。でもそれはカタにはめないと、やってこないということなのね。
G　フリー・ジャズ、きらいですよね。
S　フリー・ジャズが面白くないのは、アナーキーな自由でしょ、カタチのない。
G　じゃあ坂本さんは、ステージの上でリラックスしてるの？
S　してる。ピアノの弦をひっかいたり、叩いたりしてるけど、けっこう全てを忘れてる。何も考えてない。
G　お茶の作法にあたるのが、ピアノなんだ。坂本さんにとって。
S　ま、拘束だね。重たくて。
G　カールステンと坂本さんの距離感がすごくいいんだろうね。
S　たぶんそうだと思う。彼のは「音楽」じゃないからね。
G　甘いところというか、サービスがない。だから坂本さんとのコラボレイションがユニークなものとなる。
S　きのうの記者会見で、10人ぐらいバルセロナの記者が来て、誰かが、音楽はユニバーサルな、国境のないコトバですか？　みたいな質問をしたんだ。
G　何て答えたんです？

S　僕はそうじゃない、NOって言ったんだけど。文化、歴史、コンテクストにしばられてるって。でもカールステンはYESって答えた。彼にとっては、三角形とか四角形のような数学的なことだから。それは、アマゾンの人に見せようが、アメリカ人に見せようが、三角形はどこに行ったって三角形だと思ってる。普遍的だって（笑）。
G　むずかしいね。いろんな固有の文化の中にも、渦巻きや三角みたいなパターンが同時発生的にあらわれたりもするし。
S　僕が普遍的とは言えないと言ったのは、美しさというものには、いろんな美しさがあるから。三角形は火星にもっていっても、火星人が見ても美しいものかもしれない。でも、ドビュッシーの音楽のもつハーモニーの美しさは、火星人にはたぶんわからない。火星人どころか、アフリカの、例えばピグミーの人にもわからない。明治以前の日本人もわからなかった。勉強しないとアートがわからないと思ってる人は、パラダイムのコンテクストの外にいる。それは普遍的な美しさではないと思うんだよ。
G　アブストラクトについてはどう思うの？
S　マラルメの詩みたいなものは、やっぱりフランス文学の何世紀にもわたるような、抽象という洗練がないと絶対出てこないでしょ。数学を極めていっても、あれだけの美しさには到達できないよ。いろんなレベルの美しさがある。だからカールステンが言うことも正しいけど、ある意味正しくないの。
G　このあいだルーマニアへ行った時、ブランクーシの無限柱を見たけど、すごくローカルなものなのに普遍的なアブストラクションに到達してた。きっと同じ。
S　（スタッフがそろそろ次のステージだよと連絡にくる）了解。
G　アブストラクトな快楽。僕はそれに一番興味がある。坂本さん、ステージの上で楽しそうだね。
S　うん、ラクだし、楽しい時間。あんまり決まりごともないし。なんか座禅とかに近いのかもしれない。気持ちいい。ステージの上で出すボーンて音。座禅とか、碁の石を打ってる音みたい。パシッ、バーン。そういう「間」を楽しんでる感じ。
G　それは相当な洗練だね。
S　日本人にしかできないかもしれない。でも、カールステンもわかってるんだ。「間」があって、ここにポンて打つってことが。僕より全然、京都のお寺とか見てるし。
G　でも微妙なズレ、厳密にズラすってことは？

S　枯山水とか、七・五・三になってるというけど、石の形のでこぼこも重要なんだよ。あの絶妙な美しさは、数学や物理学では表わせない。でもそれが彼にもわかる。

G　なるほど。

S　自分たち自身がもう、鹿おどしみたいなものになればいいんだからね（笑）。

G　ハハハ、いいですね。

S　「坂本」っていう鹿おどし、「カールステン」という鹿おどし……。

彼はステージに行く。僕は客席に。このあと、僕はマドリッドでも、東京でも同じステージを見た。ステージの上でくりひろげられることは、快楽へ向かうアブストラクトが剝き出しになった、静けさと激しさが入り混じったもので、快楽中枢に電極をさしこまれるようなエクスタシーがある。何度見ても、見飽きることのない不思議なステージ。僕はまた日本へもどり、彼はヨーロッパのツアーを続けた。

それから3カ月ほどしたある日、僕はいつものように急にNYの坂本さんのところを訪ねる。そして僕は、いつものように片手にテープレコーダーをもっていてスイッチを入れる。

休日で、坂本さん自身が入れてくれるお茶を飲みながら、いろんな話をする。『ソトコト』の別冊『エロコト』。ブルース・マウの『マッシヴ・チェンジ』。アル・ゴア主演の映画『インコンヴィニエント・トゥルース（不都合な真実）』（$CO_2$と温暖化）、ハリケーン・カトリーナがアメリカに与えた衝撃の大きさ、ブッシュの時代の終わり、ロバート・フランクやアンリ・カルティエ＝ブレッソンの写真をめぐって、ナム・ジュン・パイクの話、エズラ・パウンドの『キャントーズ』。最近見たドキュメンタリー映画の話、そしてジョージ・ルーカスの『THX』の話。僕が2、3日前にNYで見たジョン・ゾーン＋コブラの話やサイキックTVの話。彼は、そうだ、と言って最近撮ったデジ写をスライドショーで見せてくれる。10年ぶりのキッチン（その前の週、キッチンでカールステンとライヴをやった）、ベルリン、イタリアのローマ、クラフトワーク風の二人の記念写真、そして、近所のイタリア料理店がなくなっちゃった話。

S　いつ帰るの？

G　明日。じゃあ、またどこかで。

そんな風に、その日の会話も終わった。はじまりもなければ、終わりもない。でも、何か真実のキラメキのようなものに溢れている。

日本でのライヴの時は、ほとんど話せず、しばらくしたある日、『ｓｋｍｔ２』の前書きが送られてきた。そこにはこうあった。

「いつも、何か考えているんだが、それが言葉なのか別の何ものなのか、自分でもよくわからない。だから、このように人と話す時は、必ず言葉を話すわけで、アモルファスな思考の状態に一つのかたちを与えるには都合がいい。一度、言葉にしておくと、記憶するのに便利で、自分でも重宝している。しかし一方で、一度言葉にしてしまうと、その基にあったアモルファスな状態が忘れられてしまうことも多く、なんだかもったいないような気もする」

アモルファス、不定型で居続けることの快楽。ずっとそのままにしていたい快感。そしてアブストラクトの快楽へ旅を続けること。坂本龍一、その稀有なエピキュリアン、永久逃走者。

このようにして、ｓｋｍｔという坂本龍一の反自伝的試みのパート2は突然、快楽のまま切断される。

# あとがき① この本について

後藤繁雄

僕は編集者だ。僕はインタビューをし、文章を書く。
誰かのことや、出来事について書く。
うまれつきどもりだったから、もともとは一人で絵を描いたり、
8ミリ映画を撮っていたのに、いつの間にか編集者になってしまった。
苦手なのに、他人に話を聞くことになってしまった。
すごくたくさんの人に会うから、みんな僕のことを人が好きだと思っているらしい。
僕は人がすごく怖いし、何度やってもインタビューは上手にならない。
人は気まぐれだ。ちょっとふとした瞬間、誰にも言わなかったようなこと、
自分でもそれまで考えなかったことを喋ったりするし、
それまでの自分の考えを捨てたりする。

人を読むのは難しいし、あまり深読みすると、
そんなことをしている自分が嫌になってしまう。
僕がしたいのは、その人が初めて口にすることが、
その口から出てくる瞬間、そこにいることだ。
カポーティは、「あなたがなりたいものは？」と聞かれて「透明人間」と言ったが、
その気持ちはよく分かる。目玉だけになって、宙を飛び回ったり、
盗聴器になって、ベッドの下に潜り込んだりできれば、
自分なんてなくなってもいいと思うこともある。
ウォーホルもそんな人だったから僕は好きだ。
インタビューというのは、限られた時間の中で、
その人が親しい人にも告白しなかったコトバを誘い出す仕事だから、
調書に似ている。世界で初めての現場に立ちあえるから、
これ以上の幸せな仕事はないと同時に、これほど犯罪っぽい仕事もない。
だから、多くの場合は一回だけで、とても深いアプローチを考える。
二度ともう会わない、生涯一度会うだけと考え、

うまくいったとたん、正直、逃げ出したくなる。
それは、人と交わるのがとても怖いことを知っているからだ。
オリバー・サックスの『火星の人類学者』という本の中に、
元自閉症の女性動物学者が出てくるが、僕はいつもインタビューをする時、
彼女同様、火星から来た人類学者が、
人間の「感性」「思考」というものを調べているのだという気分がつきまとう。
他者と交わるということは、とても難しい。
なぜ坂本さんをインタビューし続けて本を作ってしまったのだろう?
人は、あんなに怖いものなのに。
その本当の意味を人に話したことはないが、初めて書いてみたい。

　坂本さんの話を僕はたくさん聞いているが、それは僕が坂本さんのことを一番知っているということではない。単に知りたいからやっているのではない。ＹＭＯが再生したとき、ニューヨークで僕はＹＭＯの３人を取材して『テクノドン』という本を書いたことがある。ある雪のひどい日の夜中、僕が泊まっていたホテルに坂本さんが一人やって来て、話したことがあった。その時僕は、自分が「火星の人類学者」であるという距離を失ったのだと思う。うまく書けないが、それは僕にとってとても特別な体験だった。好きとか嫌いとか、利害とかではなく、自分が生涯の中で関係することになるものを発見した。それは坂本さんも意識していない特別な力の働きによって起こった。彼は彼が僕にそのような体験をもたらしたことなど知らない。それ以降、僕は「坂本龍一」という本を作ることをずっと考え、作業してきた。僕が考えていたのは、僕という「他者」が、坂本龍一の「自伝」を書くというヴィジョンだった。もちろんそんなことは不遜に聞こえるし、できないけれど、他人の生涯をストーリーに仕立て上げる、いわゆる「評伝」というものにはしたくなかった。坂本龍一というものは、坂本龍一自身も所有していない、分裂し、矛盾に満ちながら運動し続ける総体である。だからこそ、ばらばらに断片化し、それぞれが次の「種」となるように、つまり散種として記述するスタイルをとった。多くのノンフィクションライターが、その人をとらえ、説明しようとすることは、小さな私有でしかない。僕がしたかったのは、説明ではなく、記録と記述。テストと観察である。坂本さんはこの4年間、いや、それ以前からも僕のインタビューに「なぜ、インタビューするの?」とか「目的は?」とか聞いたことがない。でも、インタビューすること、されることが当り前になっていたということではない。僕はいつも緊張していた。なぜなら坂本さんが、いつもオープンですべてを話してくれるから。そのことは、未だに僕にとって謎だし、坂本さんにとっても謎なのかもしれない。いま、この本とは別に、坂本さんのオペラ『LIFE』のテキストと本の仕事に関わっている。時々、彼の仕事場に行くことがある。作曲をしている手を休めて、できたところまでをコンピュータで聞かせてくれる。編集と記述という仕事は、坂本さんが生きていて、僕が生きている間、何らかの形で続けられるのだと思う。彼は何者なのだろう、僕は何者なのだろう。不思議なことになってしまった。最後に。この『ｓｋｍｔ』を連載させてくれた文芸誌『リトルモア』中西大輔氏とリトル・モア社長・竹井正和氏、デザイナーの中島英樹氏に感謝。また、このパートⅡにおさめた通称「千本ノック」の転載を快く許してくれたインプレス編集長・井芹昌信氏に感謝します。この「千本ノック」は、インプレスが97年末に出したCD-ROM BOOK『DECODE20』のために僕が作成したものを、初めて全文掲載するものです。『DECODE20』は、インタラクティブに坂本龍一と対話できるソフトであり、興味ある方は、そちらも御覧下さい。最後になりましたが、写真セレクションの労をとっていただいた坂本敬子さん、坂本一亀さん。そして、クリエイティブ・ディレクター空里香さんの御理解と、助言なくしてこの本は現実化できませんでした。皆さん、ありがとうございました。

# あとがき②官能美学の人　坂本さん

後藤繁雄

朝起きて、この『ｓｋｍｔ２』の校正ゲラに午前中いっぱいかけ、目を通す。断続的ではあるけれど、この10年近く僕は毎月、坂本さんにインタヴューを続けてきた。そして、それを最初は雑誌『リトルモア』で、そしてその後は、『インターコミュニケーション』誌で発表し続けてきた。

僕はもう長く、インタヴューの仕事も続けているが、この『ｓｋｍｔ２』の坂本さんに対してだけは、特別な態度をとり続けてきたんだなあとあらためて思った。それは、あらかじめ何を質問するとか、テーマとかをほとんどたてなかったということだ。きっと、インタヴュアーとしては、最もダメなことにちがいない。

僕は他の人の場合、「事前」に準備し、そしてかならず「質問表」をつくり、それを暗記して「その場所」へ向かうのを、ずっと長く自分のルールにしてきた。でも、この坂本さんの場合だけは例外だ。なぜだろう？『ｓｋｍｔ１』の時はまだ、ある種の僕の側の「頑なさ」があった。が、その時に、「千本ノック」をやったせいで（「千本ノック」というのは、坂本さんのために千個の質問をつくり、メールを送り、それに答えてもらうというのをやった。おそらく僕の編集人生の中で今後も、一人の人間に対して千個も質問を考えるということは、もう、ないだろう）、すっかり僕のほうがカラッポになってしまったこともあるのだと思う。

だからこの『ｓｋｍｔ２』を読み返してみると、僕はカラッポのまま坂本さんに会い、「どうしてますか？」とか「何かありましたか？」とだけ聞いている。そうやって、ニューヨークや東京や、ライヴツアー先のさまざまな場所に坂本さんを訪ねている自分の姿がまず思い浮かぶ。

読んでもらうとすぐわかるが、『ｓｋｍｔ２』は、きわめて「この時代」が強く反映している。でもそれは時事的なことに坂本さんが表面的に反応しているのではなくて、時代の底で流れているものに感応した発言ばかりなことにも、すぐに読む人は気づかれると思う。

無防備な僕のインタヴューの姿勢に対して、坂本さんもつねに無防備だった。問いなのか答えなのかわからないような会話がかわされることも多かった。しかし、だからこそ、この『ｓｋｍｔ2』は、新世紀の底に流れるもの、予兆、予感があふれた本に仕上がったような気がする。『インターコミュニケーション』誌の代々の編集諸子が、あたたかく見守り続けてくれたおかげで、連載は、いつ終わるでもなく続いた。おそらく、ほうっておくと、延々と続いたことだろう。そろそろかなということで、ここに第二冊目ができあがった。

単行本化にあたっては、ドキュメント集や記録集のように「まとめる」という方向とは全く逆に、「未知に向かう」という編集にしたかったので、坂本さんや空里香さんが日常的に撮り続けてきたデジタル写真を、中島英樹と僕がセレクトして、「散種」した。世界に散らばってゆく、無数のタンポポの種や花びらのような気分が大切だと思うから。

この本にも出てくるcodeはその後、メンバーたちが「まず、やるべきことはやった」という実感を得たので、会社という形式はやめて解散したけれど、奇しくも、この本においてメンバーがすべて集まり一冊の本となった。codeにおいて、機関誌として『unfinished』を4号発行したが、その編集方針であった「開放形の編集」が、この『ｓｋｍｔ２』においても生き続けているのだと思う。

さて、今日の午後、僕は渋谷へ行った。坂本さんとカールステン・ニコライによるinsen tourを観に。すでにツアーは、バルセロナのソナーでも、マドリッドでも観ていたけれど、もう一度観たかった。舞台左手に坂本さん、そして右側にカールステンが位置し、うしろに横に長いスクリーンがある。ピアノとエレクトリック・ノイズによる演奏が始まると、音の変化につれてカールステンのコントロールするアブストラクトな映像が変化してゆく。カールステンによる「アートの外からくるもの」と、ピアノというすでに「完成されたもの」が交わりあう。そして、その上に、映像がある。なんとスリリングなことだろう。ピエール・ブーレーズに『クレーの絵と音楽』という名著があるが、この本でブーレーズは、画家たちと音楽家たちの共感覚の関係を書いた。例えば、カンディンスキーとシェーンベルク、ピカソとストラヴィンスキー。とりわけクレーにおいてはその二つが同居していたわけだが、サウンドとヴィジョンは、その二つを一つのものとして考えたほうが僕にはわかりやすい。アブストラクトの映像は、むずかしい現代アートの理論で分析するものではなく、官能やエモーションを拡大していくものとしてあると思うから。スーザン・ソンタグがかつて『反解釈』の中で、「官能美学」というコトバを使ったが、そのことを思い出す。

僕はこのステージを観るたびに、感覚をえぐられるような「痛い」気持ちと、「官能」がないまぜになった感覚におそわれる。それは、ある人にとり、耐えがたい苦痛でもあるだろう。しかし、これは僕にとり、至上の官能のよろこびなのだ。

その音と映像を見ていて、坂本さんはつくづく不思議な人だと思った。誰よりもラディカルに時代を警鐘し（エゴイスティックに!!）、それでいながら未知の音楽の旅を続けてゆく。こんな人は、世界中探してもいやしない、心からそう思う。

ここに『ｓｋｍｔ２』を世に出すことができ、本当にうれしいです。坂本さん、空さん、中島さん、ＮＴＴ出版の柴さん、本田さん。多くの人々ありがとうございます。

すこし間があくかもしれないけれど、また、坂本さんを記録する旅が始まる日がくる予感がしています。

# 文庫版あとがき　坂本龍一は、運動体である

後藤繁雄

『ｓｋｍｔ』を読まれる読者は、坂本龍一という人が、アモルファスという固定されない状態にこだわり、時代に鋭くコミットし、思考しつつも、軽やかに動きまわっていることを目撃することになる。

しかしこの本に収められたコトバは過去のものだ。彼はもはやこの「時点」にはいないし、発言に責任を負うなどということもない。「人生の目的は？」「ない。人生をまっとうするだけだ」という彼の答えは、シンプルで美しいモラルだ。すべては現在という瞬間を、いかに十全にまっとうできるかということの連続が、この本を形づくっているのである。

ここには、１９９６年から２００６年という時期のコトバの断片が蒐集されていて、世紀末をこえ、９・11をこえ、世界がますます、なしくずし的に非対称的なグローバ

ル経済の矛盾の泥沼に向かっていく中でつくられた本だ。その間に、20世紀の大戦をくぐりぬけた知識人たちは次々に死滅していき、あらゆるイデオロギーや言説が失効、機能不全に陥っていく中で、「単純化」に回収されないスタイル（生き方）を模索することは、いかに可能なのか。

この本は思想書でもなければ、ジャーナリズムの本でもないが、今、あらためて読み直した時に、実に「予見」に満ちていることに驚かされる。予見の書。おそらく読まれた新しい読者もそう思われるような気がする。すべてが流動化し、諦念や無力感にさらされていく時に、いかに希望をもって思考し、古いモラルを破りながら再編・再生しつづけていけばよいのか。その「生きるヒント」がたくさん提出されていると思われるのだ。

『ｓｋｍｔⅠ』と『ｓｋｍｔⅡ』を合本し、文庫化することになって、これらの「予見」が新しい人々の中にコネクトされていくことが、何より重要に思われる。僕は長く編集の仕事をしつづけているが、坂本龍一という人のラディカリズムほど、同時代人として、つねに希望というヴィジョンにつながるものはないと、最近も痛感され、励まされる。しかし、さらに重要なのは、それが過去のどのアーティストにも似ていない独特のものだということだ。独創は孤立しがちだ。流動性に逆らわず、しかし彼は、強固なアモルファスと、新しいモラルを生み続けていく。なんというラディカルでラブリーな人生!!

彼はこれからもずっと、かけがえのない運動体であり続けるだろう。

坂本さんに癌が発症してから一年以上、ほとんどコンタクトをとらなかった。同情的なコトバは個人的に苦手だし、遠くで祈る方を選んでいた。しかしこの『ｓｋｍｔ』を文庫にでき、今、とてもポジティブで、気が晴れるような気持がする。心からうれしいことに、坂本さんの症状も良転したタイミングでの刊行となった。

昨日、国会正門前での集会に参加していて、坂本さんが予告なしに飛び入りでメッセージのスピーチをした時、泣きたいぐらい、ぐっときた。話の内容以上に重要なのは、正しい時に正しい場所に身を置くこと。そのまっすぐな勇気が、今最もクリエイティブなことなのだ。

解放された気分だった。何万人もの、抗議のために集まった人の海の中から空を見上げて、坂本さんのスピーチを聞いた日のことは、生涯決して忘れないな、と思った。

2015.09.01 TOKYO

本書は、一九九九年八月にリトル・モア社から刊行された『ｓｋｍｔ』と、二〇〇六年一二月にＮＴＴ出版から刊行された『ｓｋｍｔ２』を合本した。

**思考の整理学** 外山滋比古

アイディアを軽やかに離陸させ、思考をのびのびと飛行させる方法を、広い視野とシャープな論理で知られる著者が、明快に提示する。

**質問力** 齋藤孝

コミュニケーション上達の秘訣は質問力にあり！これさえ磨けば、初対面の人からも深い話が引き出せる。話題の本の、待望の文庫化。（斎藤兆史）

**整体入門** 野口晴哉

日本の東洋医学を代表する著者による初心者向け野口整体のポイント。体の偏りを正す基本の「活元運動」から目的別の運動まで。（伊藤桂一）

**命売ります** 三島由紀夫

自殺に失敗し、「命売ります。お好きな目的にお使い下さい」という突飛な広告を出した男のもとに、現われたのは？（種村季弘）

**こちらあみ子** 今村夏子

あみ子の純粋な行動が周囲の人々を否応なく変えていく。第26回太宰治賞、第24回三島由紀夫賞受賞作。書き下ろし「チズさん」収録。（町田康／穂村弘）

**ベルリンは晴れているか** 深緑野分

終戦直後のベルリンで恩人の不審死を知ったアウグステは彼の甥に訃報を届けに陽気な泥棒と旅立つ。歴史ミステリの傑作が遂に文庫化！（酒寄進一）

**向田邦子ベスト・エッセイ** 向田邦子 向田和子編

いまも人々に読み継がれている向田邦子。その随筆の中から、家族、食、生き物、こだわりの品、旅、仕事、私……、といったテーマで選ぶ。（角田光代）

**倚りかからず** 茨木のり子

もはや／いかなる権威にも倚りかかりたくはない……話題の単行本に3篇の詩を加え、高瀬省三氏の絵を添えて贈る決定版詩集。（山根基世）

**るきさん** 高野文子

のんびりしていてマイペース、だけどどっかヘンテコな、るきさんの日常生活って？　独特な色使いが光るオールカラー。ポケットに一冊どうぞ。

**劇画 ヒットラー** 水木しげる

ドイツ民衆を熱狂させた独裁者アドルフ・ヒットラーとはどんな人間だったのか。ヒットラー誕生からその死まで、骨太な筆致で描く伝記漫画。

**ねにもつタイプ**　岸本佐知子
何となく気になることにこだわる、ねにもつ。思索、奇想、妄想はばたく脳内ワールドをリズミカルな名短文でつづる。第23回講談社エッセイ賞受賞。

**TOKYO STYLE**　都築響一
小さい部屋が、わが宇宙。ごちゃごちゃと、しかし快適に暮らす、僕らの本当のトウキョウ・スタイルはこんなものだ！　話題の写真集文庫化！

**自分の仕事をつくる**　西村佳哲
仕事をすることは会社に勤めること、ではない。仕事を「自分の仕事」にできた人たちに学ぶ、働き方のデザインの仕方とは。（稲本喜則）

**世界がわかる宗教社会学入門**　橋爪大三郎
宗教なんてうさんくさい!?　でも宗教は文化や価値観の骨格であり、それゆえ紛争のタネにもなる。世界宗教のエッセンスがわかる充実の入門書。

**ハーメルンの笛吹き男**　阿部謹也
「笛吹き男」伝説の裏に隠された謎はなにか？　十三世紀ヨーロッパの小さな村で起きた事件を手がかりに中世における「差別」を解明。（石牟礼道子）

**増補　日本語が亡びるとき**　水村美苗
明治以来豊かな近代文学を生み出してきた日本語が、いま、大きな岐路に立っている。我々にとって言語とは何なのか。第8回小林秀雄賞受賞作に大幅増補。

**子は親を救うために「心の病」になる**　高橋和巳
子は親が好きだからこそ「心の病」になり、親を救おうとしている。精神科医である著者が説く、親子という「生きづらさ」の原点とその解決法。

**クマにあったらどうするか**　姉崎等　片山龍峯
「クマは師匠」と語り遺した狩人が、アイヌ民族の知恵と自身の経験から導き出した超実践クマ対処法。クマと人間の共存する形が見えてくる。（遠藤ケイ）

**脳はなぜ「心」を作ったのか**　前野隆司
「意識」とは何か。どこまでが「私」なのか。死んだら「心」はどうなるのか。――「意識」と「心」の謎に挑んだ話題の本の文庫化。（夢枕獏）

**モチーフで読む美術史**　宮下規久朗
絵画に描かれた代表的な「モチーフ」を手掛かりに美術を読み解く、画期的な名画鑑賞の入門書。カラー図版約150点を収録した文庫オリジナル。

品切れの際はご容赦ください

**モチーフで読む美術史2**　宮下規久朗

絵の中に描かれた代表的なテーマを手掛かりに美術を読み解く入門書、第二弾。壁画から襖絵まで和洋幅広いジャンルを網羅。カラー図版250点以上！

**しぐさで読む美術史**　宮下規久朗

西洋美術では、身振りや動作で意味や感情を伝える。古今東西の美術作品を「しぐさ」から解き明かす『モチーフで読む美術史』姉妹編。図版200点以上。

**印象派という革命**　木村泰司

モネ、ドガ、ルノワール。日本人に人気の印象派の絵は、美術史に革命をもたらした芸術運動だった！近代美術史の核心を一冊で学べる入門書。

**既にそこにあるもの**　大竹伸朗

画家、大竹伸朗「作品への得体の知れない衝動」を伝える20年間のエッセイ。文庫では新作を含む木版画、未発表エッセイ多数収録。（森山大道）

**眼の冒険**　松田行正

森羅万象の図像を整理し、文脈を超えてあらわれる象徴的な意味を読み解くことで、デザイン的思考の臨界に迫る。図版資料満載の美装文庫。（鷲田清一）

**シャネル**　山田登世子

最強の企業家、ガブリエル・シャネル。彼女のブランドと彼女の言葉は、抑圧された世界の女性を鮮やかに解き放った——その伝説を一冊に。（鹿島茂）

**グレン・グールド**　青柳いづみこ

20世紀をかけぬけた衝撃の演奏家の遺した謎をピアニストの視点で追い究め、ライヴ演奏にも着目、つねに斬新な魅惑と可能性に迫る。（小山実稚恵）

**音楽放浪記　世界之巻**　片山杜秀

クラシック音楽を深く愉しみたいなら、歴史的な脈絡をつけて聴くべし！　古典から現代音楽を整理し、音楽の本質に迫る圧倒的な音楽評論。（三浦雅士）

**音楽放浪記　日本之巻**　片山杜秀

山田耕筰、橋本國彦、伊福部昭、坂本龍一……。伝統と西洋近代の狭間で、日本の音楽家は何を考えたか？　稀代の評論家による傑作音楽評論。（井上章一）

**歌を探して**　友部正人

詩的な言葉で高く評価されるミュージシャン自ら選んだベストエッセイ。最初の作品集から書き下ろしまで。帯文＝森山直太朗（谷川俊太郎）

品切れの際はご容赦ください

**禅**　鈴木大拙　工藤澄子訳

禅とは何か。また禅の現代的意義とは？　世界的な関心の中で見なおされる禅について、その真諦を解き明かす。（秋月龍珉）

**タオ——老子**　加島祥造

さりげない詩句で語られる宇宙の神秘と人間の生きるべき大道とは？　時空を超えて新たに甦る『老子道徳経』全81章の全訳創造詩。待望の文庫版！

**荘子と遊ぶ**　玄侑宗久

『荘子』はすこぶる面白い。読んでいると「常識」という桎梏から解放される。魅力的な言語世界を味わいながら、現代的な解釈を試みる。（ドリアン助川）

**つぎはぎ仏教入門**　呉智英

知ってるようで知らない仏教の、その歴史から思想的な核心までを、この上なく明快に説く。現代人のための最良の入門書。二篇の補論を新たに収録！

**現代人の論語**　呉智英

革命軍に参加⁉　王妃と不倫⁉　孔子とはいったい何者なのか？　論語を読み抜くことで浮かび上がる孔子の実像。現代人のための論語入門・決定版！

**日本異界絵巻**　小松和彦／宮田登／鎌田東二／南伸坊

役小角、安倍晴明、酒呑童子、後醍醐天皇ら、妖怪変化、異界人たちの列伝。魑魅魍魎が跳梁跋扈する闇の世界へようこそ。挿画、異界用語集付き。

**仏教百話**　増谷文雄

仏教の根本精神を究めるには、ブッダに帰らねばならない。ブッダ生涯の言行を一話完結形式で、わかりやすく説いた入門書。

**武道的思考**　内田樹

「いのちがけ」の事態を想定し、心身の感知能力を高める技法である武道には叡智が満ちている！　気持ちがシャキッとなる達見の武道論。（安田登）

**仁義なきキリスト教史**　架神恭介

イエスの活動、パウロの伝道から、叙任権闘争、十字軍、宗教改革まで——。キリスト教二千年の歴史が果てなきやくざ抗争史として蘇る！（石川明人）

**よいこの君主論**　架神恭介　辰巳一世

戦略論の古典的名著、マキャベリの『君主論』が、小学校のクラス制覇を題材に楽しく学べます。学校、職場、国家の覇権争いに最適のマニュアル。

**生き延びるためのラカン**　斎藤環

幻想と現実が接近しているこの世界で、できるだけリアルに生き延びるためのラカン解説書にして精神分析入門書。カバー絵・荒木飛呂彦　（中島義道）

**人生を〈半分〉降りる**　中島義道

哲学的に生きるには〈半隠遁〉というスタイルを貫くしかない。「清貧」とは異なるその意味と方法を、自身の体験を素材に解き明かす。（中野翠）

**私の幸福論**　福田恆存

この世は不平等だ。何と言おうと！　しかしあなたは幸福にならなければ……。平易な言葉で生きることの意味を説く刺激的な書。（中野翠）

**ちぐはぐな身体《からだ》**　鷲田清一

ファッションは、だらしなく着くずすことから始まる。中高生の制服の着崩し、コムデギャルソン、刺青等から身体論を語る。（永江朗）

**エーゲ　永遠回帰の海**　立花隆

ギリシャ・ローマ文明の核心部を旅し、人類の思考の普遍性に立って、西欧文明がおこなった精神の活動を再構築する思索旅行記。カラー写真満載。

**独学のすすめ**　加藤秀俊

教育の混迷と意欲の喪失には出口が見えないが、IT技術は「独学」の可能性を広げている。「やる気」という視点から教育の原点に迫る。（竹内洋）

**レトリックと詭弁**　香西秀信

「沈黙を強いる問い」「論点のすり替え」など、議論に仕掛けられた巧妙な罠に陥ることなく、詐術に打ち勝つ方法を伝授する。

**希望格差社会**　山田昌弘

職業・家庭・教育の全てが二極化し、「努力は報われない」と感じた人々から希望が消えるリスク社会日本。「格差社会」論はここから始まった！

**ことばが劈《ひら》かれるとき**　竹内敏晴

ことばとこえとからだと、それは自分と世界との境界線だ。幼時に耳を病んだ著者が、いかにことばを回復し、自分をとり戻したか。

**現人神の創作者たち（上・下）**　山本七平

日本を破滅の戦争に引きずり込んだ呪縛の正体とは何か。幕府の正統性を証明しようとして、逆に「尊皇思想」が成立する過程を描く。（山本良樹）

**戦闘美少女の精神分析**　斎藤環

ナウシカ、セーラームーン、綾波レイ……「戦う美少女」たちは、日本文化の何を象徴するのか。「おたく」「萌え」の心理的特性に迫る。（東浩紀）

**紅一点論**　斎藤美奈子

「男の中に女が一人」は、テレビやアニメで非常に見慣れた光景である。その「紅一点」の座を射止めたヒロイン像とは!?（姫野カオルコ）

**男流文学論**　上野千鶴子／小倉千加子／富岡多恵子

「痛快！　よくぞやってくれた」「こんなもの文学批評じゃない！」—　吉行・三島など〝男流〟作家を一刀両断にして話題沸騰の書。（斎藤美奈子）

**東大で上野千鶴子にケンカを学ぶ**　遙洋子

そのケンカ道の見事さに目を見張り「私も学問がしたい！」という熱い思いを読者に湧き上がらせた、涙と笑いのベストセラー。（斎藤美奈子）

**夏目漱石を読む**　吉本隆明

主題を追求する「暗い」漱石と愛される「国民作家」をつなぐ資質の問題とは？　平明で卓抜な漱石講義十二講。第2回小林秀雄賞受賞。（関川夏央）

**増補　サブカルチャー神話解体**　宮台真司／石原英樹／大塚明子

少女カルチャーや音楽、マンガ、AVなど各種メディアの歴史を辿り、若者の変化を浮き彫りにした前人未到のサブカル分析。（上野千鶴子）

**これで古典がよくわかる**　橋本治

古典文学に親しめず、興味を持てない人たちは少なくない。どうすれば古典が「わかる」ようになるかを具体例を挙げ、教授する最良の入門書。

**日本語で読むということ**　水村美苗

なぜ『日本語が亡びるとき』は書かれることになったのか？　そんな関心と興味にもおのずから応える、折にふれて書き綴られたエッセイ&批評文集。

**日本語で書くということ**　水村美苗

一九八〇年代から二〇〇〇年代に書かれた漱石や谷崎に関する文学評論、インドや韓国への旅行記など、〈書く〉という視点でまとめた評論&エッセイ集。

**思索紀行（上・下）**　立花隆

本ではない。まず旅だ！　ジャーナリストならではの鋭敏な感覚で、世界の姿を読者にはっきりとさしだした思想旅行記の名著。

**ふしぎな社会**　橋爪大三郎

第一人者が納得した言葉だけを集めて磨きあげた社会学の手引き書。人間の真実をぐいぐい開き、若い読者に贈る小さな（しかし最高の）入門書です。

**承認をめぐる病**　斎藤環

人に認められたい気持ちに過度にこだわると、さまざまな病理が露呈する。現代のカルチャーや事件から精神科医が「承認依存」を分析する。（土井隆義）

**キャラクター精神分析**　斎藤環

ゆるキャラ、初音ミク、いじられキャラetc.。現代日本に氾濫する数々のキャラたち。その諸相を横断し、究極の定義を与えた画期的論考。（岡﨑乾二郎）

**サヨナラ、学校化社会**　上野千鶴子

東大に来て驚いた。現在を未来のための手段とし、偏差値一本で評価を求める若者。ここからどう脱却する？　丁々発止の議論満載。（北田暁大）

**ひとはなぜ服を着るのか**　鷲田清一

ファッションやモードを素材として、アイデンティティや自分らしさの問題を現象学的視線で分析する。「鷲田ファッション学」のスタンダード・テキスト。

**学校って何だろう**　苅谷剛彦

「なぜ勉強しなければいけないの？」「校則って必要なの？」等、これまでの常識を問いなおし、学ぶ意味を再び摑むための基本図書。（小山内美江子）

**14歳からの社会学**　宮台真司

「社会を分析する専門家」である著者が、社会の「本当のこと」を伝え、いかに生きるべきか、に正面から答えた。重松清、大道珠貴との対談を新たに付す。

**終わりなき日常を生きろ**　宮台真司

「終わらない日常」と「さまよえる良心」――オウム事件直後出版の本書は、著者のその後の発言の根幹である。書き下ろしの長いあとがきを付す。

人生の教科書
**［よのなかのルール］**　藤原和博　宮台真司

〝バカを伝染（うつ）さない〟ための「成熟社会へのパスポート」です。大人と子ども、お金と仕事、男と女と自殺のルールを考える。（重松清）

**逃走論**　浅田彰

パラノ人間からスキゾ人間へ、住む文明から逃げる文明への大転換の中で、軽やかに〈知〉と戯れるためのマニュアル。

ちくま文庫

# skmt 坂本龍一《さかもとりゅういち》とは誰《だれ》か

二〇一五年十一月十日 第一刷発行
二〇二五年 二月二十日 第三刷発行

著 者 坂本龍一（さかもと・りゅういち）／
後藤繁雄（ごとう・しげお）

発行者 増田健史
発行所 株式会社 筑摩書房
東京都台東区蔵前二―五―三 〒一一一―八七五五
電話番号 〇三―五六八七―二六〇一（代表）
装幀者 安野光雅
印刷所 中央精版印刷株式会社
製本所 中央精版印刷株式会社


ISBN978-4-480-43307-7 C0195